KB187242

# 공부 잘하는
# 아이는
# 이렇게
# 독서합니다

초등학교 선생님이 관찰한 최상위권 아이들의 읽기 습관

# 공부 잘하는 아이는 이렇게 독서합니다

진향숙
엄월영
임영진
황선영
공　저

BOOK＾ER

# 초등 5~6학년,
## 문해력을 키울 마지막 기회입니다

아이가 고학년이 되면 마음이 복잡해집니다. 초등학교 때 완성해야 한다는 영어는 유치원 때부터 시작했지만 아직도 부족해 보이고 수학만 생각하면 한숨이 절로 나옵니다. 수학 공부는 점점 더 어려워져서 요즘 필수라고까지 하는 선행 학습은 생각조차 못 하고 있습니다. 요즘 대입은 국어에서 판가름 난다고 하니 국어도 슬슬 신경 쓰이기 시작합니다.

초등 고학년이 되면서 하교 시간은 더 늦어졌는데 학원 수업과 숙제는 더 늘어나고 과목별로 학습 난이도가 올라가면서 공부 시간은 곱절로 드는 느낌입니다. 머리로는 독서가 가장 중요하다는 말에 공감하지만 현실에서 책 읽기는 영어, 수학에 밀려 가장 뒷전이 됩니다.

'이게 맞는 건가? 이래도 되나?'

꽉 찬 하루를 보내고 지친 몸을 뉘인 아이를 보며 불안감이 찾아옵니다.

"책은 언제 읽을 거야?"

결국 잔소리로 하루를 마무리하고 맙니다.

고학년이 되면서 많은 아이가 독서와 멀어집니다. 밤마다 목이 터져라 그림책을 읽어 주고, 부지런히 인터넷 서점이며 중고 장터, 도서관을 들락거리며 책을 주문하고 나르던 그 시절은 까마득한 옛 추억이 되어 버려요. 오랫동안 아이의 독서를 위해 공들이던 가정에서도 3~4학년이 되면 슬슬 독서에 대한 관심과 노력의 끈이 느슨해지기 시작합니다. 그러다가 고학년이 되면 독서 습관이 무너지기 시작해요. 학년이 올라갈수록 독서는 더욱 중요해지는데 말이지요.

가정에서 함께 독서에 신경을 써 줘야 한다는 걸 알지만 쉽지 않습니다. 집안일도 만만치 않고, 워킹 맘이라면 직장에도 나가야 하니까요. 이렇게 바쁜 와중에 독서는 어떻게 챙길까요? 참 부담스럽습니다.

사실 초등 5~6학년 독서는 제대로만 한다면 2주에 1권으로도 충분합니다. 꼭 많이 읽어야만 문해력이 향상되는 것은 아닙니다. 그렇다면 '제대로' 읽는다는 것은 어떻게 읽는 것일까요? 또, 어떤 책을 읽어야 할까요?

이 책을 함께 쓴 네 명의 초, 중, 고 현직 교사들이 모여 아이들의 독서, 글쓰기 교육을 연구하고 현장에 적용하고 있습니다. 저희는 모두 고학년 자녀와 그 친구들로 구성된 독서 모임을 운영 중이기도 합니다. 시행착오가 많았습니다. 이 책에서는 그 과정에서 완성한 '깊이 읽기의 4단계'를 소개하고, 실현 가능하면서도 효과적인 고학년 독서 지도 방법을 함께 나눠 보려고 합니다.

1부에서는 초등 고학년 독서가 무너지는 이유를 분석해 보았습니다. 2부에서는 초등 고학년 독서 교육에 대해 많은 학부모께서 고민하는 부분들을 짚어 봅니다. 3부에서는 초등 고학년 아이들이 책에 빠지게 만드는 독서 교육 노하우를 알려 드립니다. 4부에서는

'깊이 읽기의 4단계'를 소개합니다. 5부에서는 중·고등학교 국어 공부의 밑거름을 만드는 초등 고학년 독서법을 다루고, 마지막 부록에서는 여러 해 동안 초등 고학년 독서 지도를 하면서 아이들 반응이 좋았던 책들을 교육 과정과 연계하여 소개합니다.

초등 고학년 아이들은 독서 갈림길에 서 있습니다. 독서 단절의 길로 갈 수도 있고, 독서와 함께 성장의 길로 갈 수도 있어요. 많은 아이가 독서 성장의 길을 선택해 주기를 바랍니다. 그림책을 사랑하고 즐기던 꼬마 시절처럼 많은 초등 고학년 아이들이 다시 책의 곁으로 돌아와 주기를 기대합니다. 우리 아이들이 독서를 통해 자신에 대해 진지하게 고민하고 세상을 열린 눈으로 바라보며 타인을 따뜻하게 품어 주는 청소년으로 성장할 것이라 믿습니다.

2024년 3월

저자를 대표하여 진향숙

# 목차

## 1부

초등 독서가 부족하면
평생 공부가 흔들립니다

## 2부

# 아직은 엄마의 독서 지도가
# 필요합니다

## 3부

# 처음부터 책을 싫어하는
# 아이는 없습니다

## 4부

# 한 권을 읽어도
# 제대로 읽어야 합니다

# 5부

## 초등 독서가 중·고등 학습의 기본기입니다

# 초등 독서가 부족하면 평생 공부가 흔들립니다

# 독서가 영어, 수학보다 중요한 이유

초등 고학년이 된 내 아이가 고전 완역본처럼 두꺼운 책을 펼쳐 놓고 읽는 모습을 한 번쯤 상상해 보셨을 거예요. 한쪽 팔에 두꺼운 책을 끼고 도서관을 나오는 아이의 모습을 꿈꾼 적 없나요? 하지만 실제로 교육 현장에서 아이들을 둘러보면 쉽지 않은 일입니다. 제 학년에 맞는 수준의 책을 읽고 있는 아이들이 그리 많지 않은 것이 현실이에요. 아직 학습 만화 수준에 머물러 있는 아이들도 많아요. 독서에 아예 흥미를 잃어버린 아이들도 보입니다.

요즘 아이들은 북스타트 운동으로 아기 때부터 독서를 시작했어요. 지역 도서관도 많이 생기고 도서관에 사서 선생님이 계신 학교도 많습니다. 이 정도로 독서 교육에 힘을 많이 쓰고 있어요. 어느 때보다도 아이들이 책을 읽기 참 좋은 환경입니다. 그럼에도 아이들의 독서력은 예전만 못한 것 같아요. 고학년 대상의 아동 도서 신간을 보면 예전보다 문장의 길이가 짧아지고 책 두께도 얇아졌습니다. 글자 수도 적어요. 그림과 만화는 더 많이 섞여 있습니다. 스토리도 단순해지고 등장인물의 수도 많지 않습니다. 이 현상은 무엇을 의미할까요?

## 시간이 없어도 너무 없다

아이가 고학년이 될수록 시곗바늘이 더 빨리 움직이는 느낌입니다. 5~6학년이 되면 일주일 중 하루만 빼고 수업이 6교시로 늘어납니다. 아이가 학교 수업을 마치고 집에 돌아오면 오후 3시가 되지요. 하교 후 집에서 숨 좀 돌리거나 방과 후 교실에 참여하면 시간은 금세 4시 가까이 됩니다. 아이들의 일과는 여기서 끝나지 않습니다. 보통은 학원에 갑니다. 많은 고학년 아이들이 영어, 수학 학원에 가서 2시간 정도 수업을 받습니다. 그러면 6시가 되어야 학원 수업이 끝납니다. 집에 오면 6시 30분, 저녁을 먹으면 7시 30분에서 8시 정도가 되어요. 그런데 학원 숙제도 해야 하네요. 학원 숙제가 2시간 분량은 됩니다. 쉴 틈도 없이 학원 숙제를 해도 밤 10시가 되네요.

잠 잘 시간은 왜 이렇게 빨리 돌아오나요? 아이는 이미 하루를 꽉 채워 보냈지만 엄마 마음은 뭔가 찜찜합니다. 꼭 해야 할 일을 빠트린 것처럼 마음이 개운치 않아요. 숙제를 빨리 마치고 독서를 하면 참 좋겠는데 아이의 에너지는 바닥이 났습니다. 도무지 책을 읽을 수가 없어요. 결국 초등 시절 가장 중요하다는 독서는 오늘도 하지 못했습니다.

아직 겨우 초등학생인데 다른 학습 일정에 치여 독서 시간 확보가 만만치 않습니다. 저학년 때 독서에 중점을 두던 가정에서도 영어, 수학에 서서히 시간을 내어 줍니다. 영어, 수학은 하지 않으면 당장 내 아이가 뒤처지는 것이 눈에 보여요. 앞집 아이는 지금 6학년 수학 진도를 나가네, 옆집 아이는 중학교 과정에 들어갔네 하는 이야기가 들려오면 내 아이의 진도와 바로 비교가 됩니다. 옆 동에 사는 누구는 이번 테스트에서 무슨 레벨을 받았네 하는 이야기가 들리면 금세 마음이 급해집니다.

독서는 나무의 뿌리와도 같습니다. 나무뿌리는 눈에 드러나지 않는 법이지요. 독서를 열심히 했다고 해서 즉각 변화가 눈에 드러나지는 않습니다. 독서를 위해 사교육을 줄이는 가정에서도 오히려 영어, 수학에 독서까지 세 마리 토끼를 전부 놓치는 것 같아 불안감만 커지기도 하고요. 그러다 보니 다시 영어, 수학 공부에 시간을 할애하게 되고 자연스레 책 읽을 시간은 줄어듭니다. 고학년으로 갈수록 책 수준이 높아지니 독서에 더 시간을 할애해야 하는데 오히려 독서 시간이 줄어들고 있어요. 초등 고학년 독서가 무너지는 가장 큰 이유입니다.

## 독서의 초강력 경쟁자

아이들의 하굣길에 마중을 나가 보면 건널목 신호를 기다리면서 휴대폰 화면에 얼굴을 파묻은 아이들이 보입니다. 아이들은 길을 건널 때도 게임을 하거나 동영상을 보고 있어요. 위험천만한 순간입니다. 아이들이 모여드는 청소년 문화의 집 같은 곳을 들여다봐도 비슷한 풍경이 보입니다. 하굣길에 한 번씩 들러 함께 놀 친구들이 있는지 살피기도 하고 더운 여름에는 잠시 에어컨 바람을 쐬면서 더위를 식히기도 해요. 친구들과 놀고 싶지만 특별히 갈 데가 없는 아이들이 모여 놀기도 합니다. 여기에 모여 있는 아이들 중 몇몇은 한쪽 구석에 모여 앉아서 각자 휴대폰을 들여다보고 있습니다.

요즘 아이들은 휴대폰과 너무 친해요. 아이들이 여러 명 모여 있어도 함께 놀지 않는 모습을 심심찮게 볼 수 있어요. 각자 휴대폰을 보며 노는 거죠. 휴대폰 하나에 우르르 모여들어 함께 무언가를 보고 있는 모습은 그나마 다행으로 여겨야 할지 고민이 앞섭니다.

스마트폰은 독서의 가장 무서운 경쟁자입니다. 태어날 때부터 스마트폰 시대를 살아온 아이들은 집에서 밥 먹을 때도, 식당에서 음식을 기다릴 때도 줄곧 스마트폰을 봅니다. 뭔가 기다려야 하고, 지루하고, 불편한 순간에는 늘 스마트폰에 의존해 온 아이들이 많아요. 이 아이들은 책보다 유튜브, 스마트폰 게임에 훨씬 더 익숙합니다.

고학년 아이들 대다수가 자신의 스마트폰을 가지고 있습니다. 어렸을 때 스마트폰에 덜 노출된 아이라 하더라도 자기 스마트폰을 갖게 되면 자제력을 발휘하기란 쉽지 않습니다. 어른도 그렇잖아요. 심지어는 교사들도 여전히 스마트폰과 독서 사이에서 갈등하고, 독서가 질 때가 훨씬 더 많습니다. 아직 자제력이 약한 아이들은 더하겠지요. 스마트폰은 독서의 초강력 경쟁자이자 방해 요소입니다.

## 반갑지 않은 사춘기

요즘 아이들의 사춘기는 빠르면 3학년부터 시작되기도 합니다. 엄마와 포옹도 하고 볼에 뽀뽀도 하던 아이가 어느새 엄마를 밀어내는 날이 옵니다. 엄마가 하는 말에 더 이상 순응만 하지 않아요. 토를 달기도 하고 반박하는 횟수가 늘어 갑니다. 별것 아닌 일로 짜증 내는 일이 잦아지지요. 사춘기가 좀 천천히 오면 얼마나 좋을까요? 반갑지 않은데 빨리도 찾아왔습니다.

사춘기가 온 아이에게 엄마가 독서를 권하기는 더 어렵습니다. 평소 아이와 관계가 좋고 책을 자주 권해 왔다면 모를까, 그렇지 않았다면 더더욱 힘든 일이에요. 아이가 이렇게 생각할지도 몰라요.

'우리 엄마가 왜 저래?'

'학원 공부도 힘들어 죽겠는데 책까지 읽으라고 하네.'

독서를 억지로 시켰다가 아이와 더 멀어지기 십상입니다. 평소 아이와 책 이야기를 많이 나눴던 가정도 예전 같지 않아져요. 엄마가 책을 권하면 아이들은 괜히 간섭받는다고 느끼기도 하고 이제는 자기가 알아서 하겠다는 '무언의 싫은 티' 또는 '대놓고 싫은 티'를 냅니다. 독서도 독립하고 싶다는 거겠죠. 고학년의 독서에는 이제까지와 달리 넘어야 할 장벽이 많습니다.

# 책만 많이 읽어도
## 수능 41점 더 받는다

　진정한 학습이란 무엇일까요? 선생님의 설명에만 의지하기보다 스스로 읽고 의미를 이해하고 정리하여 머릿속에 저장하는 과정, 스스로 이해한 것을 질문하고 정교하게 다듬어 가는 과정이 바로 바람직한 학습이라 할 수 있습니다. 하지만 교과서나 문제집은 문해력이 부족한 아이에게 친절하지 않습니다. 같은 학년이라도 아이들은 문해력의 차이에 따라 같은 글을 읽을 수 있는 아이와 읽지 못하는 아이, 즉 스스로 공부할 수 있는 아이와 그렇지 못한 아이로 나뉩니다. 글을 읽고 이해하여 내 것으로 만드는 학습의 과정이 실행되려면 바로 문해력이 필요합니다. 문해력이 부족한 아이에게 성적이 높은 친구들이 받는 것과 똑같은 사교육 프로그램이 과연 큰 도움이 될까요? 스스로 이해하기 어려워 사교육의 도움을 받는다 해도 결국은 아이가 스스로 읽어 내고 이해해야 합니다.

전문가들은 단거리 달리기가 아니라 장거리 달리기 마라톤에 비유되는 대학 입시의 관건은 자기 주도 학습 능력과 문해력를 갖추는 것이라고 입을 모읍니다. 유명 강사들이 나와 학습 코칭을 해 주는 텔레비전 프로그램을 보면, 족집게처럼 시험에 나올 것만 집어 주지 않습니다. 오히려 기초를 충실히 쌓으라고 합니다. 심지어 어떤 유명 영어 강사는 고등학교 입학 전에 학생들에게 《삼국지》 같은 책을 읽으라고 조언했습니다. 영어 성적을 높여야 하는데 삼국지라니요.

저는 어머니들의 수학 고민을 자주 듣습니다. 아무래도 국어나 영어에 비해 수학은 아이의 이해 도달 정도가 바로 드러나는 과목이라 그렇습니다. 초등학교 1~2학년 아이들 대다수는 국어가 더 어렵고 수학은 쉽고 재미있다고 합니다. 하지만 3학년 수학을 배우며 아이들의 수학 자신감이 떨어지기 시작합니다. 특히 분수를 배울 때부터 '수학이 어려워'라는 말이 나옵니다. 그런데 주의 깊게 볼 점은 아이들이 단순 연산을 두고 어렵다고 말하지 않는다는 것입니다. 문장제 문제의 말뜻을 이해하지 못하는 겁니다. 수학식만 있으면 잘 풀 수 있는데 문제가 문장으로 되어 있어 뭘 하라는 건지 모르겠다고요. 저도 3학년 아이들에게 수학을 가르칠 때 긴 문장으로 된 문제를 읽고 이것이 나누라는 말인지, 곱하라는 말인지 의미를 파악하는 연습을 반복해서 했어요. 고학년은 더합니다.

연산은 잘할 수 있는데, 문항 중 글이 긴 문제가 나오면 일단 아이들이 읽지도 않고 어렵다고 생각합니다. 수학을 통해 기르고자 하는 문제 해결 능력은 스스로 식을 세우는 힘인데 말이지요. 왜 문해력이 문제 해결 능력의 바탕이 되는지 느낌이 오시지요?

저는 학급의 아이들에게도, 저희 집 아이들에게도 독서의 중요성을 강조합니다. 독서를 해야 하는 이유는 차고 넘치지만 학업 성취 면에서 독서의 위력을 경험했기에 아이들에게도 독서를 꾸준히 해야 한다고 이야기하고 있어요.

잠시 옛날 얘기를 좀 해 볼게요. 저는 학창 시절 책을 읽지 않는 학생이었습니다. 누구도 저에게 독서의 중요성을 알려 주지 않았고 제 마음을 뒤흔들 재미있는 책을 만나지도 못했습니다. 그리고 공부하느라 바빴기에 그저 열심히 학업에만 열중했지요. 제가 수능을 볼 당시에도 지금처럼 국어 지문은 굉장히 길었습니다. 그래서 저는 모의고사 문제 풀이, 문제집 풀이로 수능에 대비했습니다. 글의 내용을 이해하고 해석하기보다는 문제를 풀기 위해서 읽었습니다. 문제집에 들어 있는 조각 글을 읽고 문제를 풀면서 제 국어 실력이 향상되고 있다고 믿었지요. 그런데 수능 당일 완전히 새로운 유형의 문제들을 보고 머리가 새하얘졌던 기억이 납니다. 수능에 출제된 지문은 제가 처음 접하는 내용이었고 문제 유형 또한 그랬습니다. 아직도 기억에 남는 수능 문제가 있는데요. 국어 영역의 어휘 파트 중 '타성에 젖다'의 뜻을 찾는 문제였지요. 그때 저는 이 표현을 태어나서 처음 들었기에 무슨 뜻인지 알지 못했습니다. 뜻을 모른다면 글의 문맥에서 단어의 뜻을 유추해야 하는데 저는 글의 전반적인 내용 자체를 이해하지 못했기에 결국 답을 고르지 못했습니다.

국어 공부를 문제 풀이로 접근해서는 안 됩니다. 글을 읽고 맥락을 파악해 이해하는 과정이 필요한 거죠. 문제집 속 글은 책의 일부를 가져온 조각난 글입니다. 그리고 문제집을 푸는 것은 글을 '읽는다'라기보다는 문제를 푸는 훈련일 뿐이지요. 책 전체를 처음부터 읽어 나가며 흐름을 파악하고 자신만의 새로운 지식으로 구성하여 정보를 받아들이는 과정이 필요합니다. 책을 읽으며 새로 접하는 어휘의 뜻도 추측해 보고요.

고등학교 공부는 난이도도 높고 분량도 많아서 공부를 해도 성적이 뚝뚝 떨어지는 아이들이 많지요. 반면 독서에 빠져 책만 끼고 살았는데도 성적이 오르는 아이들이 있어요. 유난히 어렸을 때부터 독서를 좋아하는 친구 A가 있었어요. 그 친구는 다른 아이들이 밖에 나와서 고무줄놀이, 술래잡기를 할 때도 집에서 책만 읽던 아이였어요.

"너는 대체 공부는 언제 하니? 또 책이니?"

그 친구 부모님께서 많이 하시던 말씀이에요. 그럴 만큼 그 친구는 시험 기간에도 책 읽느라 바빠서 시험공부에 최선을 다하지 못하던 때가 많았어요.

B는 수줍음이 많은 아이였어요. 그래서 친구들과 어울리기보다는 책을 더 좋아하는 아이였지요. 이 아이도 책을 참 많이 읽었어요. 쉬는 시간, 점심시간 할 것 없이 수업 시간 외에는 언제나 책을 읽고 있었으니까요.

C는 특이하게도 시험 기간에 시험공부를 따로 안 했어요. 늘 마

음의 여유가 넘치는 아이였어요. 1점 차로 희비가 엇갈리는 치열한 내신 시험 기간에도 책을 꺼내서 읽던 친구였지요.

세 친구의 공통점은 고등학교 2학년 전까지는 학급에서 성적으로 그다지 두각을 드러내지 못했다는 거예요. 그런데 세 친구 모두 고등학교 2학년 말부터 성적이 오르기 시작하더니 수능에서는 높은 성적을 받아 명문 대학에 입학했습니다. 독서의 힘을 단적으로 보여 주는 예입니다.

중학교 1학년까지 공부에 관심이 없었는데 같은 반 친구가 새벽 1시까지 공부했다는 이야기를 듣고 충격을 받아 공부를 시작했다는 유명 강사의 이야기를 들은 적이 있습니다. 그전에 하지 않던 공부를 매일 1시까지 하니 성적이 쭉 오르기 시작했다고 해요. 그런데 중학교 2학년 2학기 때 '이대로 공부해서는 더 이상 성적이 오르기 힘들겠다'라는 생각이 들었다고 합니다. 공부는 시간을 써서 양만 채우면 된다고 생각했는데 이제 문해력이 없으면 공부가 어려워지겠다는 것을 알게 된 것이지요. 그리고 중학교 2학년 겨울 방학 내내 책만 읽었다고 해요. 3개월 동안 한글 책, 영어 책을 합해 200권 정도의 책을 읽으면서 밑줄도 긋고 문단을 나누면서 중심 문장을 찾아보았다고 합니다. 그렇게 방학이 끝나고 개학 날 아침 아버지께서 보시는 신문을 슬쩍 보았는데 한 문단이 한눈에 들어왔다고 해요. 그때 '아, 나는 이제 공부하는 속도가 빨라지겠구나' 하는 생각이 들었다고 해요. 그 이후로 1등을 놓친 적이 단 한 번도 없다고 합니다.

이런 일화도 있어요. 어떤 학생이 재수를 해서 의대에 갔는데요. 첫 해 수능에서 점수가 낮게 나왔다고 합니다. 그래서 재수를 시작하기 전 겨울 방학에 손에 잡히는 대로 책을 읽었다고 해요. 그 이후로 점수가 조금씩 오르기 시작해서 만족할 만한 재수 결과를 얻은 것이지요.

그렇다면 독서는 마법일까요? 독서와 수능 성적이 대체 어떤 관련이 있길래 책을 많이 읽었다고 수능 성적이 이렇게 기적처럼 높게 나오는 걸까요? 실제 사례뿐만 아니라 연구 결과도 이를 뒷받침해 줍니다.

한국직업능력개발원 선임연구위원 채창균, 연구원 신동준은 독서·신문 읽기와 학업 성취도, 그리고 취업의 상관관계를 연구했습니다. 2004년 당시 중학교 3학년 2,000명과 고등학교 3학년 4,000명을 전국에서 뽑아 매년 추적 조사했는데요. 이 연구에서는 고등학교 재학 당시의 독서 행태와 수능 성적 및 대학 졸업 후의 취업

실태를 분석했습니다. 그중 문학 독서량과 수능 성적, 교양서적 독서량과 수능 성적 간의 상관관계를 연구한 결과를 함께 살펴보겠습니다.

문학 독서량과 수능 성적

(단위: 명, 점)

| 구분 | 수능(언어-표준 점수) | | 수능(수리-표준 점수) | | 수능(외국어-표준 점수) | |
|---|---|---|---|---|---|---|
| | 학생 수 | 평균 | 학생 수 | 평균 | 학생 수 | 평균 |
| 0권 | 240 | 83.08 | 214 | 90.21 | 242 | 86.10 |
| 1~5권 | 998 | 90.25 | 893 | 92.38 | 1,000 | 90.11 |
| 6~10권 | 381 | 95.43 | 338 | 92.95 | 381 | 93.09 |
| 11권 이상 | 566 | 102.53 | 508 | 98.84 | 568 | 98.83 |
| 전체 | 2,185 | 93.55 | 1,953 | 93.92 | 2,191 | 92.45 |

문학 독서량이 많아질수록 수능에서 언어, 수리, 외국어 영역 모두 높은 점수를 받은 것을 뚜렷하게 볼 수 있습니다. 문학을 1권도 읽지 않은 학생의 수능 언어 영역 표준 점수가 83점에 불과했던 반면, 11권 이상 읽은 학생의 점수는 약 103점으로 20점이나 높은 결과를 보여 주었습니다. 수능 수리 영역 표준 점수는 8점, 외국어 영역은 12점 정도 차이가 납니다. 독서가 직접적으로 영향을 미치리

라 예상되는 언어, 외국어 영역뿐만 아니라 수리 영역에도 눈에 띄는 효과가 있다는 사실이 확인되지요.

교양서적 독서량과 수능 성적

(단위: 명, 점)

| 구분 | 수능(언어-표준 점수) | | 수능(수리-표준 점수) | | 수능(외국어-표준 점수) | |
|---|---|---|---|---|---|---|
| | 학생 수 | 평균 | 학생 수 | 평균 | 학생 수 | 평균 |
| 0권 | 821 | 86.31 | 712 | 90.41 | 824 | 87.24 |
| 1~5권 | 931 | 95.86 | 843 | 94.86 | 932 | 94.05 |
| 6~10권 | 231 | 99.71 | 210 | 97.30 | 232 | 97.17 |
| 11권 이상 | 202 | 105.21 | 188 | 99.28 | 203 | 100.80 |
| 전체 | 2,185 | 93.55 | 1,953 | 93.92 | 2,191 | 92.45 |

두 번째는 교양서적 독서량과 수능 성적의 상관관계입니다. 교양서적 독서량이 많아질수록 수능 성적이 높아지는 것을 확인할 수 있습니다. 이 또한 언어 영역에서 가장 큰 효과를 보였습니다. 교양서적을 1권도 읽지 않은 경우와 11권 이상 읽은 경우의 수능 표준 점수는 언어 영역 19점, 수리 영역 9점, 외국어 영역 13점의 차이가 났습니다.

이 연구 결과를 종합해 보면 청소년기에 독서를 많이 하는 것은 학업 성취도를 높였습니다. 본문에 인용하지는 않았지만 신문 읽기 또한 같은 효과가 있었고 결과적으로 독서, 신문 읽기는 취업 성과에까지 긍정적인 영향을 미치는 것으로 나타났습니다. 그리고 본 연구의 결론 부분에는 다음과 같이 서술하고 있습니다.

> 신문을 읽거나 독서할 여유를 주지 않는 지금의 교육 시스템에 매몰되어(한 문제라도 더 맞히고 한 문제라도 덜 틀리도록 하기 위해) 자녀들에게 문제 풀이를 반복하는 식의 소모적인 학습 방식을 강요하기보다는, 청소년기에 신문을 읽고 독서를 많이 하는 습성을 갖도록 유도하는 것이 현재의 교육 시스템에서도 학업 성취도를 높이는 데 유용할 뿐만 아니라 궁극적으로 괜찮은 일자리로의 취업에도 크게 도움이 될 수 있음을 의미하는 것임.

결국은 문해력이 있어야 교과서를 읽고 이해하고 자기 안에 지식을 차곡차곡 쌓을 수 있습니다. 국어, 영어, 수학 모두 그렇습니다. 문해력은 독서로 길러집니다. 당장 눈에 보이는 영어, 수학 진도에 신경을 쓰는 것은 아이의 그릇에 지식을 쌓는 것이지만 그 지식을 담을 아이의 그릇 자체를 더 크게 키워 주는 것은 바로 독서입니다.

# 독해력 격차가
## 본격적으로 벌어지는 시기

아이들은 각자 다른 개성을 타고 납니다. 어떤 아이는 키가 크고 어떤 아이는 키가 작아요. 어떤 아이는 말을 유창하게 잘하지만 알 아듣기 힘들게 중언부언 말하는 아이도 있습니다. 초등학교 입학 당시에는 이런 개인차가 크게 느껴지지 않아요. 고학년이 되면 아이들의 개인차가 더욱 커집니다. 신체적으로도 키가 큰 아이와 작은 아이의 키 차이도 훨씬 커지고요. 2차 성징이 나타나기 시작한 아이도 있지만 그렇지 않은 아이도 있어요. 정신적으로는 사춘기가 시작된 아이가 있는가 하면 아직도 3~4학년 같은 순수함을 보이는 아이도 있어요. 학습 격차도 커져서 제 학년 공부도 버거운 아이가 있는 반면 선행 학습을 하면서도 잘 따라가는 아이도 있지요.

고학년은 독서에서도 개인차가 크게 벌어지는 시기입니다. 초등학교 입학 당시에는 한글을 읽고 쓸 수 있느냐 없느냐의 차이였다면 고학년에는 거의 모든 아이가 한글을 읽고 쓸 수는 있지만 그 안에서 수준이 천차만별입니다. 한글을 읽을 줄만 알고 해독을 어려워하는 아이부터 어른 수준의 고차원 독해가 가능한 아이까지 큰 격차가 생깁니다.

## 흥미 격차

누구나 재미있는 일은 자꾸 하고 싶습니다. 재미없는 일은 시작부터 머뭇거리게 되지요. 독서도 마찬가지예요.

> "소리에 관한 한 아이들은 이미 선이 연결된 상태다. 반면에 문자는 고생스럽게 추가 조립해야 하는 옵션 액세서리다."
>
> -스티븐 핑커

인지신경학자이자 아동발달학자, 읽는 뇌 분야의 세계적 연구자 매리언 울프Maryanne Wolf는 '우리가 말하고 듣는 것은 유전적으로 타고나는 것이지만 글을 읽는 행위는 스스로 그 방법을 터득해 나가고 길을 만들어 나가야 하는 것'이라고 말했습니다. 문자를 읽고 이해하는 능력은 유전적으로 타고나는 것이 아니라 후천적으로 길러야만 얻을 수 있습니다. 유전적으로 봐도 책을 읽는 행위는 자연스러운 행위는 아닙니다. 고생스럽고 불편하게 개인이 노력을 들이는 과정이 필요합니다. 그러니 책을 읽는 행위는 애초부터 재미있기보다는 재미없을 가능성이 더 높은 거죠.

후천적으로 글을 읽는 능력을 길러 온 아이가 아니라면 독서가 재미없을 수밖에 없어요. 반면 어린 시절부터 부모님이 읽어 주는 책을 접했고 재미있는 책을 함께 고르고 읽어 왔던 아이는 독서가 재미있습니다. 이런 차이가 여러 해 쌓이다 보면 고학년의 독서 흥미 차이는 심화됩니다. 무아지경으로 독서에 빠지는 아이들이 있는가 하면, 책장을 넘기는 시늉만 할 뿐 독서에 전혀 흥미가 없는 아이들도 있습니다. 흥미가 없으면 책을 더 멀리하게 되겠지요.

## 어휘력 격차

고학년 담임을 맡았을 때 수업을 하다 보면 문해력이 부족한 아이들은 쉬운 단어의 뜻조차도 모르는 경우가 생각보다 많아요.

'아이들이 이런 어휘도 모르고 있었나?'

이렇게 놀랄 때가 종종 있습니다. 그럴 때마다 우스갯소리로 아이들에게 했던 말이 있습니다.

"영어 단어를 외울 게 아니라 국어 단어를 외워야겠어요."

요즘은 영어 조기 교육이라고 부르기도 힘들 만큼 어릴 때부터 영어 공부를 시작하지요. 영어 단어는 영어 유치원부터 외우지만 국어 어휘는 그렇지 않지요. 영어로는 알지만 국어로는 모르는 단어가 있을 정도예요. 영어는 학원에서 꾸준히 단어를 외우고 시험을 보지만 국어 어휘를 시험까지 보지는 않지요.

예전처럼 자연스럽게 어휘를 익힐 환경도 많이 줄었습니다. 텔레비전 시청이 꼭 좋은 것만은 아니지만 저의 어린 시절 경험을 생각해 보면 어린이 프로그램, 시사 다큐멘터리, 부모님이 틀어 두셨던 뉴스를 보면서 새로운 지식을 많이 얻었던 것 같아요. 그 과정에서 자연스럽게 어휘력이 길러지기도 했습니다. 또 그 당시에는 학교에서 신문 구독 신청을 받았었는데요. 구독 신청한 어린이 신문을 아침 자습 시간에도 읽고 집에 돌아와서도 꾸준히 읽으면서 어휘력이 길러졌습니다.

요즘은 그렇게 한가하게 텔레비전 다큐멘터리를 볼 여유가 있는 아이들이 많지 않지요. 영어 교육 영상을 볼 시간도 부족하니까요. 방과 후에 여유롭게 어린이 신문을 펼쳐서 읽는 아이도 별로 없을 거예요. 아이들의 하루 일정이 워낙 바쁘기 때문입니다. 여유 시간이 생기더라도 휴대폰에 훨씬 더 시간을 많이 보냅니다. 휴대폰 앱으로 보는 영상은 알고리즘의 영향으로 내가 보고 싶은 것만 재생되는 경향이 있기 때문에 다양한 어휘를 접하는 데 한계가 있지요.

어휘력은 다양한 경로로 듣고 읽는 경험을 통해 배경지식을 쌓으면서 차곡차곡 자라납니다. 그게 어렵다면 독서가 가장 효율적인 방법이지요. 그마저도 하지 않는 아이들은 어휘 습득에 큰 어려움을 느낄 수밖에 없습니다. 그런데 막상 고학년이 되면 시간 부족으로 어휘를 채워 줄 독서량도 뚝 떨어집니다.

## 책 수준 격차

어휘의 격차는 책 수준의 격차로 이어집니다. 입학 당시 아이들의 격차는 '한글을 읽을 수 있느냐, 없느냐'는 한글 해독 정도의 차이였어요. 고학년이 되면 그림책도 유창하게 읽지 못하는 아이들부터 중학생 이상이 읽는 청소년 소설이나 성인 도서를 읽어 내는 아이들까지 차이가 더 크게 벌어집니다. 읽는 책의 두께는 물론 텍스트의 수준 자체가 달라지는 것이죠. 책을 읽는 동안에 일어나는 사고 과정의 깊이는 더욱더 차이가 나겠고요.

독서력이 부족한 아이들은 아직 학습 만화의 수준에 머물러 있는 경우가 많습니다. 이 아이들은 그림책 읽기부터 차곡차곡 독서 경험을 쌓아야 해요. 그렇지만 아이 스스로 그림책은 이제 자기 수준에 맞지 않다고 생각합니다. 어린아이들이나 보는 책으로 취급해 버리지요.

그림책 수준의 독서력을 가졌어도 친구들 앞에서 그림책을 펼쳐 놓고 읽기란 쉽지 않습니다. 큰 용기가 필요할 거예요. 줄글 책을 읽기는 어려우니 '꼬마용'이라 치부한 그림책 대신 획획 책장을 넘길 수 있으면서 두께감도 있는 학습 만화를 선택하게 됩니다.

이런 차이는 더 큰 차이를 만들어 냅니다. 독서력이 있는 아이들은 독서의 범위와 깊이를 넓혀 가며 더 탄탄한 독서를 해 나갑니다. 반면 독서를 할 때마다 학습 만화로 도피했던 아이들은 점점 더 줄글과 멀어집니다.

타인의 눈을 인식하기 시작하고 다른 친구들과의 동화를 중요시하는 사춘기의 시작에서 자신의 수준에 맞는 책부터 단계별로 읽어 간다는 것은 뚝심과 용기가 필요합니다. 그러나 대다수 아이들은 뚝심과 용기를 발휘하는 대신 시간을 흘려보내면서 독서와 점점 더 멀어집니다.

# 교육 과정의 전제 조건은
## 읽기 능력

## 고학년 독서의 목표는 학습 능력 향상

목표가 있는 사람은 그 목표에 도달하는 데 필요한 것을 스스로 찾아 실행에 옮깁니다. 아이가 초등 고학년이 된 지금 다시 독서 교육의 목표에 대해 한 번쯤 생각해 보는 건 어떨까요? 아이의 독서를 통해 부모가 기대하는 목표는 크게 세 가지로 나누어 볼 수 있습니다.

1) 좋은 성적
2) 평생 교육

### 3) 풍요로운 인생(취미, 인생 성찰)

아이 인생 전반의 '성장'을 염두에 둔다면 평생 교육, 풍요로운 인생을 위한 도구가 되는 독서에 목표를 두게 됩니다. 아주 이상적인 목표지요. 독서를 다양한 지식을 얻는 창구로 삼을 뿐 아니라 기존의 지식과 신념을 새로운 지식과 통합하면서 더욱더 성장해 가는 과정으로 만드는 것입니다. 자신을 되돌아보고 더 나은 삶을 가꾸며 성장하도록 하는 것, 독서 교육의 궁극적인 목표입니다. 책과 함께 살아간다면 자연스럽게 달성할 수 있는 목표이기도 해요.

책을 읽으면 현실에서는 만날 수 없는 다양한 인물과 상황을 마주하며 많은 생각과 간접 경험을 할 수 있습니다. 내가 겪어 보지 못한 갈등, 고난과 시련, 도전과 실패 등을 책에서 접하면서 아이들의 생각이 더 크게 자라납니다. 이런 간접 경험은 공부와는 별개로 아이들이 살아갈 인생이라는 숲을 가꿀 양질의 밑거름이 됩니다.

한편 좋은 숲을 가꾸려면 나무 하나하나도 잘 돌보아야 하듯이 우리 앞에 놓인 현실적인 목표를 소홀히 할 수는 없습니다. 독서 교육의 가장 현실적인 목표는 아이를 똑똑한 아이로 키우는 것, 즉 아이가 '수능이나 내신에서 높은 성적을 받아 좋은 대학에 가는 것'입니다. 독서는 문해력을 키워 주고 문해력은 학교 성적의 바탕이 되죠. 이 연결 고리 때문에 우리는 아이의 독서 교육에 더욱 열을 올립니다. 대다수 학부모가 기대하는 독서 교육의 목표가 여기에 있을 거예요. 현실적인 목표도 충족하면서 차근차근 한 단계씩 나아가면 아이들의 인생이라는 숲도 가꿀 수 있는 것이 독서입니다.

"어휘가 빈곤한 아이들은 빈약한 의미론적, 통사적 발달로 인해 구술 언어와 문자 언어 모두에 타격을 입는다. (중략) 아이가 단어와 그 용법을 거의 또는 한 번도 본 적이 없으면 해독하는 독서가들이 점점 더 복잡한 교재들을 가지고 공부하는 일이 너무 힘겨워진다."

- 매리언 울프, 《책 읽는 뇌》

학급에서 자주 볼 수 있는 유형의 아이들이에요. 독서량이 적어 어휘력이 부족한 아이들은 교과 공부를 버거워합니다. 어휘력 부족은 문해력 부족과도 연결되는데요. 고학년 아이들 중 문해력이 부족한 아이들은 교과서를 읽는 것조차 힘들어합니다. 이런 아이들은 달리기 경주에서 모래주머니를 다리에 달고 달리는 것과 같아요.

다른 아이들이 교과서 지문의 내용과 문맥의 추론에 집중할 때

문해력이 부족한 아이들은 단어의 의미부터 막히기 시작합니다. 그러니 무슨 말인지 잘 이해도 되지 않고 이해가 잘 되지 않으니 수업 시간에 과제가 주어졌을 때 수행 속도가 느려요. 수업 시간에 해내야 할 학습 활동을 제 속도에 따라가기가 힘들어집니다.

> 교사와 교과서 편찬자들을 비롯한 전반적인 교육 시스템이 4학년 이상의 아이들에게 사뭇 다른 것을 기대하기 때문에 상황은 점점 악화된다. 초등학생들의 학교 입학 후 첫 3년은 '독서를 학습하는' 기간이지만 고학년에 올라가면 '학습하기 위해 독서 한다'는 말이 이러한 접근을 잘 요약해 준다. 3학년 과정이 끝나면 교사들은 아이들이 충분히 자동적인 독서 능력을 갖추었으므로 난이도 높은 교재를 이용해 점점 더 많은 것을 '스스로' 배울 수 있다고 생각한다.
>
> – 매리언 울프,《책 읽는 뇌》

교사로서 참 공감되는 구절이었습니다. 학교 교육 과정 자체가 초등 저·중학년 때 충분히 학년에 맞는 문해력을 쌓았다는 전제하에 만들어집니다. 문해력 결손이 조금씩 쌓여 온 아이들은 해마다 그 결손만큼 다리에 찬 모래주머니가 무거워지는 거예요. 학습 효율이 어마어마하게 떨어지기 시작합니다. 아이들이 하루 생활의 절반 이상을 차지하는 학교생활에서 학습 활동에 능동적으로 참여할 수 없다는 것은 큰 불편함입니다.

독서량이 부족하면 국어 성적만 문제가 된다고 생각하지만 실제로는 전 과목에 영향을 미쳐요. 수학, 사회, 과학, 심지어 영어 공부에도 어려움이 생깁니다.

때로는 문해력이 친구, 교사와의 관계에도 영향을 미칩니다. 수업 시간에 교사가 질문을 할 때 상황에 맞지 않는 대답을 하고, 딴소리를 자주 하면 학급 친구들 사이에서의 평판도 '공부 못하는 아이'로 비칠 수 있어요. 이런 일이 반복될수록 다른 아이들의 신뢰를 덜 받게 됩니다. 요즘 학교 수업 시간에는 모둠 활동이 많은데요. 모둠에 주어진 학습 과제 해결 중에는 서로의 의견 교환이 필수적입니다. 문해력이 부족한 아이는 발언권이 약해져 수업 활동에 자신감이 없어지고 매사 위축될 수밖에 없습니다.

초등 고학년 독서 교육의 목표 중에 가장 기본은 학습을 잘 따라갈 수 있는 기초를 마련하는 것이어야 합니다. 생각보다 이 기본 목표도 충족하지 못하는 고학년 아이들이 많아요. 기본 목표만 달성해도 아이의 학습 출발선이 달라집니다.

# 한글 다 안다고
## 아이 혼자 읽게 두지 마라

### 읽기 독립과 독서 독립은 다르다

아이가 읽기 독립을 하고 나면 책은 스스로 읽는 것이라고 생각하기 쉽습니다. 아직 한글을 배우고 있는 둘째 교육을 우선시하느라 첫째의 독서 교육에 신경을 못 쓰기도 합니다. 그동안 책 육아도 열심히 해 왔고 밤마다 목이 터져라 책을 읽어 주었으니 아이가 스스로 독서에 푹 빠져 자랄 거라 기대하지요. 이제 '읽기 독립'을 했을 뿐인데 아이가 한글을 깨치고 스스로 책을 술술 잘 읽으니 '독서 독립'을 한 것처럼 생각합니다. 그런데 야속하게도 책에 대한 아이의 관심과 열정이 서서히 식어 갑니다. 소셜 미디어에서 보이는 다른 집 아이들은 모두 독서도 좋아하고 수준 높은 독서를 해내는 아이로 성큼성큼 성장하는 것 같은데 어째 우리 아이는 점점 독서에 관한 관심이 시들해져 갑니다.

'나도 책 열심히 읽어 줬는데 뭐가 문제지?'

지나고 보니 당연한 일입니다. 책을 읽을 수 있는 것과 책을 이해하고 즐기는 것은 다른 차원의 이야기입니다. 아직 독서 능력이 탄탄하게 자리 잡지도 않았는데 독립을 시켜 버린 것이죠. 이제 막 걸음마 떼기 시작한 아이가 스스로 목적지까지 잘 걸어갈 것이라고 믿으며 손을 흔드는 것과 다르지 않아요.

더군다나 앞서 말했듯 읽기 능력이라는 것은 유전적으로 타고나는 능력이 아닙니다. 음성 언어는 자연 발달 과정을 거치는 반면 문자 언어는 의식적으로 노력하고 훈련, 교육을 통해서 독서에 필요한 뇌 회로를 스스로 만들어 후천적으로 얻어야만 하는 능력인 것이죠. 매리언 울프는《책 읽는 뇌》에서 다음과 같이 독서 발달 단계를 제시합니다.

독서도 영어나 수학처럼 차근차근 단계를 밟아 가야 합니다. 먼저 우리말 음성을 인식하고 그것을 문자로 연결할 수 있어야 합니

| 독서 발달 단계 | 특징 |
|---|---|
| 1. 예비 독서가 (Emerging pre-reader) | · 생후 5년간 '사랑을 주는 무릎(부모나 보호자의 품)'에 앉아 활자, 독서 교재, 평범한 말소리에 노출되면서 방대하고 다양한 음성, 단어, 개념, 이미지, 이야기 등의 맛을 보고 학습한다. |
| 2. 초보 독서가 (Novice reader) | · 문자가 언어의 음성과 연결되어 있다는 개념을 알아야 하는 단계<br>· 책에 쓰인 문자를 해독하고 해독한 것의 의미를 이해하는 방법을 배우는 것<br>· 독서에 필요한 뇌 부위의 상호 작용하는 법을 배우는 단계 |
| 3. 해독하는 독서가 (Decoding reader) | · '시각적 덩어리(의미 단위)' 학습하기<br>· 텍스트에 쓰여 있는 것과 그렇지 않은 것을 섬세하게 혼합해 그것을 바탕으로 예측하는 방법을 배우기 시작하는 단계<br>· 아이들이 난생처음 '주어진 정보를 뛰어넘는' 방법을 배우는 시기. 즉, 사색할 시간이 생기기 시작하는 때<br>· 유년기의 독해력 발달에 중요한 영향을 미치는 것은 기억, 예측, 추론 다음으로 감정을 느끼고 이입하는 것. 이를 통해 더욱 완벽한 독해를 하게 되고 어서 빨리 책장을 넘기고 싶어진다. |
| 4. 유창하게 독해하는 독서가 (Fluent comprehending reader) | · 이 단계의 목표는 해독을 넘어 반어법, 발음, 은유, 시점 등 단어에 대해서 알고 있는 다양한 용법을 적용해 가시적인 텍스트 아래 숨어 있는 것에 도달하는 역량을 키우는 것<br>· '유창한 해독가'에서 '전략적 독서가'로의 발전 : 독서 전과 중, 후 기존의 지식을 활성화해 텍스트에서 중요한 것이 무엇인지 판단하고 독서 중과 후에 정보를 종합해 추론을 이끌어 내고 문제를 제기하면서 잘못 이해한 것을 스스로 알아 교정할 수 있는 독서가가 된다는 뜻<br>· 자립성과 유창한 독해력이 성장하는 이 시기에는 특히 교육적인 효과가 크다.<br>· 독서 발달의 단계상 매우 중요한 단계<br>· 이 단계의 아이 또는 청소년이 해야 할 일은 독서를 삶에 활용하는 방법을 배우는 것 |
| 5. 숙련된 독서가 (Expert reader) | · 독서가 숙련 단계에 도달했을 때 뉴런 수준에서 변화가 일어남<br>· 숙련된 독서가가 독서 중에 추론을 하는 경우, 뇌에서 적어도 2단계의 프로세스가 일어난다는 가설 → 하나는 추론이 생성되는 단계, 다른 하나는 텍스트에 관련된 독서가의 지식에 추론이 통합되는 단계<br>· 숙련된 독서가가 생성된 추론을 이미 가지고 있던 배경지식 안에 통합시키는 경우, 우뇌의 언어 관련 시스템 모두 사용 |

다. 다음으로는 그 문자를 읽을 수 있어야겠지요. 한글을 읽을 수 있다면 이제 글자의 의미를 알아야 합니다. 여기서 더 나아가 제대로 된 독서를 하기 위해서는 글에 나타난 표면적인 의미를 넘어 숨겨진 의미도 찾을 수 있어야 해요.

## 중요한 것은 질적 변화

대개 한글을 깨우치고 나면 짧은 그림책을 읽을 수 있어야 한다고 생각합니다. 그다음으로는 글자가 크고 양은 적은 얇은 동화책으로 넘어가죠. 얇은 동화책에 익숙해지면 글자 수는 좀 더 적고 두께는 더 두꺼운 동화책으로, 소설책으로 서서히 넘어가야 한다고 보통 생각해요. 마치 영어나 수학 진도를 나가듯 책 안에 든 글자의 분량을 늘리며 아이의 수준이 높아지고 있다고 생각하지만 돌아보면 그 과정에서 일어나는 질적인 변화에 대해서는 크게 관심을 갖지 않지요. 사실 점점 더 두꺼운 책을 읽히는 과정 속에는 '음성 인식 → 음성과 문자의 연결 → 문자의 의미 파악 → 문맥의 의미 파악 → 글에 숨겨진 의도, 내용 파악(추론)'이라는 질적인 변화가 꼭 일어나야 해요.

교실에서 만나는 고학년 아이들을 보면 독서의 '질적 변화'를 충실히 밟아 오지 않은 아이들이 많습니다. 그림책의 단계에, 조금 더 애를 써서 얇은 동화책 수준에 머물러 있는 아이들이 생각보다 많아요. 이 아이들의 수준은 문자나 문맥의 의미 파악 단계 정도라고 볼 수 있어요. 다시 말해 2단계의 '초보 독서가' 단계에 머물러 있는 아이들이 많습니다. 일부 아이들이 3단계의 '해독하는 독서가'입니다. 책을 많이 읽은 소수의 아이들만이 4단계의 '유창하게 독해하는 독서가'에 해당됩니다.

독서 발달 단계의 다음 단계로 넘어가야 할 고학년 아이들은 독서에 더 많은 시간과 노력을 투자해야 하지만 막상 독서할 기회가 생겼을 때에는 '학습 만화'를 손쉽게 고르는 아이들이 많습니다. 학습 만화를 만나기 전 독서에 대한 흥미가 탄탄하게 만들어진 아이들은 학습 만화의 장벽에 가로막히지 않습니다. 적당히 욕구가 충족될 만큼 읽고 나면 언젠가는 동화나 소설의 단계로 돌아옵니다. 하지만 그렇지 않은 많은 아이들이 학습 만화의 단계에서 머물러 있습니다. 매리언 울프는 이런 아이들에 대해 이렇게 이야기합니다.

"올바르게 해독하는 단계에서 유창하게 해독하는 단계로 넘어간 아이에게는 좀 더 어려운 책에 도전해 보라는 교사, 보호자, 부모의 진심 어린 격려가 필요하다."

고학년 아이의 독서도 아이가 다음 단계의 독서로 나아갈 수 있도록 가정에서 관심과 조언이 필요합니다. 아이가 지금 독서 발달 단계 중 어느 단계에 있는지 살펴보고 각 단계에서 이루어져야 할 성장이 잘 이루어질 수 있도록 도움을 주어야 합니다. 아이의 독서 수준에 적절한 책을 함께 골라 주고 그 수준에서 충분한 독서가 이루어졌다면 조금 더 어려운 책에 도전하도록 추천해 줄 필요도 있습니다.

# 어려운 책보다는
## 수준에 맞는 책 읽히기

아이가 갓난아기이던 시절, 엄마는 아직 말도 못 하는 아이와 함께 긴 하루를 보내는 것이 참 부담스럽습니다. 《달님 안녕》,《사과가 쿵!》과 같은 그림책을 아이와 함께 읽는 시간은 그런 부담감에서 해방되는 시간이지요. 그림책에 담긴 그림도 보고 이야기를 들려주기도 하면 아이를 앞에 두고 뭔가 혼자 떠들어야 한다는 마음의 부담이 덜해집니다. 아이에게 무슨 말을 걸어야 할지 막막함도 사라지고요.

아이는 그림책이 좋은지, 오로지 엄마를 독차지하는 시간이 좋은지 그림책에 한동안 푹 빠져 지냅니다. 늦은 시간까지 그림책을 읽어 달라고 조르는 통에 밤새 읽어 주기도 하고요.

아이에게 책을 반복해서 읽어 주다 보면 '아이가 이제 이 책을 지겨워하는구나' 하는 순간이 옵니다. 정말 좋아해서 수십 번, 수백 번을 읽고도 또 읽어 달라고 하던 책도 시들해지는 시기가 와요. 그럴 때는 새 책을 사들입니다. '책 육아'를 하면서 처음에는 그림책에 대해 잘 모르니 인터넷에서 다른 엄마들의 블로그나 카페 글을 보면서 책을 고릅니다. 'O세 추천 도서'로 검색도 참 많이 했습니다. 그런데 그런 책들을 막상 사서 읽혀 보면 아이 수준에 맞지 않는다는 생각이 들 때가 많습니다. 유아용 추천 도서인데 실제로는 초등학교 저학년 수준인 책들, 또 아이가 유치원생이 되었을 때는 초등학교 중학년 이상 되어야 이해할 만한 책들이 많고 자기 수준보다 어려운 책을 읽고 있는 아이들도 많습니다.

## 적정 수준의 의미와 중요성

일부 선진국에서는 취학 전 문자 교육을 반대하기도 합니다. 조기 문자 교육이 아이의 뇌 발달에 좋지 않은 영향을 미친다고 보기 때문이에요. 그렇지만 우리나라에서는 유아기 때부터 독서에 대한 교육열이 높습니다. 독서를 일찍 시작하고 소셜 네트워크의 발달로 '입소문 난' 책들이 생겨나면서 자연스레 선행 아닌 선행을 하게 됩니다. 아이들이 인지적 발달 수준보다 높은 수준의 독서를 하게 되는 것이지요.

《신기한 스쿨버스》라는 과학 동화책이 있어요. 주로 초등 입학 전후 추천 도서로 많이 나오더라고요. 하지만 실제로 이 책에 적힌 작은 글자 하나하나까지 읽어 보면 상당히 수준 높은 용어가 나올 뿐만 아니라 많은 과학적 원리와 내용이 담겨 있어요. 초등학교 저학년이 온전히 이해하기에는 어려운 부분이 꽤 있습니다.

물론 저학년 아이들도 이 책을 읽어 낼 수 있습니다. 하지만 완전히 내 것으로 만드는 독서를 할 수 있는가는 다른 문제입니다. 책에 적힌 용어, 과학적 원리를 알고 읽으면 훨씬 더 재미있는 책을 글자만 읽거나 이해가 충분하지 않은 상태로 읽는 것이죠. 초보 독서가 수준에서 읽고 마는 것입니다. 정작 아이가 과학적 원리를 다 이해할 수 있는 시기가 되었을 때는 이런 반응을 보입니다.

'이미 읽어 본 책이어서 재미없어.'

'나는 이미 그 책 다 읽어서 다 알고 있어.'

'유치원생이나 초등 저학년이 읽는 시시한 책이야.'

이렇게 독서 선행을 하면 좋지 않은 독서 습관이 들기 쉽습니다. 이런 일이 반복되면 모든 책을 수박 겉핥기로 읽게 됩니다. 빠르게 글을 읽고 책을 다 읽었다는 사실 자체에 성취감을 느끼게 되죠. 책 한 권을 제대로 이해하며 읽었느냐보다는 어려운 책을 읽어 냈다는 자아도취에 빠지게 됩니다. 많은 양의 독서는 가능할지 모르지만 질적으로는 부족한 독서를 하게 되지요. 책을 읽으면서 기존에 알고 있던 지식과 나도 모르게 연결되고, 그간 이해되지 않았던 것들이 독서를 통해 이해될 때 아이들은 독서 자체에 희열을 느끼게 돼요. 그런데 이렇게 자신의 속도에 맞지 않는 독서 선행을 한 아이들은 그런 기회를 잃습니다.

## 독서의 흥미와 깊이를 해치는 독서 선행

'다른 집 아이는 벌써《해리 포터》를 읽는다는데.'

'우리 아이는《삼국지》읽어요.'

다른 아이와 비교하는 마음, 우리 아이는 이 정도로 높은 수준의 책을 읽는다는 부모의 만족감, 어떤 경우에서는 우월감으로 아이에게 나도 모르게 더 어려운 책을 내밀게 됩니다. 그 덕분에 아이는 자기도 모르게 '독서 선행'을 하고 있는 것이지요. 혹시 우리 집도 여기에 해당되는 건 아닌지 되돌아볼 필요가 있습니다.

독서 선행은 독서에 대한 아이의 흥미를 떨어뜨려요. 어려운 경제 용어나 기술적 지식이 많이 포함된 신문 기사를 읽었던 경험을 떠올려 보세요. 재미있으셨나요? 평소에 그 분야에 관심이 많거나 사전 지식이 많은 사람이 아니라면 끝까지 읽어 내는 것도 쉽지 않을 거예요. 아이들의 독서도 마찬가지입니다. 아이가 수준 높은 책을 읽는다면 당장은 뿌듯함을 느끼겠지만 곧 독서에 흥미를 잃게 됩니다. 처음에는 우리 아이가 다른 아이보다 더 높은 수준의 독서로 빨리 가는 것처럼 보이지만 학년이 올라갈수록 점점 독서와 멀어질 가능성이 높아요.

독서 선행을 끌고 가는 것도 길어야 중학년까지입니다. 고학년이 되면 아이가 엄마 생각대로 잘 따라와 주지 않아요. 그러다 보니 학년이 올라갈수록 독서 교육에 대한 부모의 관심과 개입이 줄어들어요. 아이에게 밤마다 책을 읽어 주고 주말마다 도서관에서 책을 빌려 오던 열정이 점차 식어 갑니다. 독서에 더 신경 써야 할 시기가 이제 시작되는데 엄마도 아이도 이미 에너지를 다 써 버렸습니다.

그러다가 아이의 독서량이나 수준이 만족스럽지 못한 때가 오면 독서 사교육을 시작해요. 독서를 사교육의 영역으로 넘기고 나면 독서에 대한 부모의 역할이 줄어 한결 수월합니다. 일정한 독서량을 꾸준히 확보할 수 있다는 장점도 있어요. 학년이 올라갈수록 부모의 잔소리보다 학원이라는 시스템의 힘이 더 강력하게 작용하기도 해요. 하지만 여기에서도 효과를 보는 아이가 있는 반면 그렇지 않은 아이도 있습니다. 아이의 독서 단계와 흥미에 맞는 적절한 독서 프로그램이라면 효과가 있겠지만 그렇지 않다면 효과를 보장하기는 어렵습니다.

아이의 독서 수준과 흥미에 맞지 않는 경우 앞서 설명한 매리언 울프의 독서 발달 단계 중 3~4단계 수준의 독서를 해야 하는 책을 2단계 수준에서 이해하고 넘어가 버리게 됩니다. 하지만 독서에 흥미가 있는 아이라면 꼭 그 책을 깊이 있게 읽지 않더라도 비슷한 수준의 다양한 책을 읽으면서 3~4단계 수준의 독서를 경험할 수 있어요. 또 그 책이 재미있었다면 시간이 지난 후에 다시 읽어 볼 수도 있는 일이고요. 독서를 매번 학습처럼 할 수는 없으니 아이 스스로 흥미를 느끼는 책이라면 독서 발달 단계를 넘나들면서 독서해도 괜찮습니다.

문제는 독서에 흥미가 떨어지는 경우입니다. 독서를 하나의 숙제처럼 '해치우기'식으로 해내는 아이들이라면 그 책을 다시 펼쳐 볼 가능성이 낮고, 비슷한 수준의 책도 스스로 찾아 읽기 쉽지 않습니다. 정작 3단계, 4단계일 때 독서를 많이 해야 하는데 그전에 지쳐 버리고 맙니다.

초등학교 저학년 때는 독서 수준이 높았던 것 같은데 고학년으로 갈수록 독서 수준이 정체되고 흥미가 떨어진다면 우리 아이가 '독서 선행'을 해 왔던 것은 아닌지 되돌아봐야 해요. 자기 학년의 책을 충분히 읽고 지나가는 것이 독서 선행보다 훨씬 더 효과적입니다. 고학년이 되면 자기 학년의 책도 읽어 내지 못하는 아이가 사실은 더 많습니다. 자기 학년의 책만 충분히 꾹꾹 담아 읽어도 독서의 끈만 놓지 않는다면 상위권이 될 수 있어요. 그만큼 학년이 올라갈수록 아이들의 독서량이 뚝 떨어집니다.

# 2주에 1권이면
## 충분하다

　아이를 다 키운 분들께 '아이의 초등 시절로 되돌아간다면 무엇을 꼭 시키고 싶으신가요?'라고 물어보면 많은 분이 '독서'를 꼽아요. 교육 전문가뿐만 아니라 각계각층의 사람들이 독서를 강조합니다. 그러다 보니 우리는 아이들에게 책을 많이 읽혀야 한다는 강박을 가지고 있어요. 많은 양의 독서를 하지 않으면 아이가 뒤처진다고 생각합니다. 독서량이 적은 것보다야 많은 것이 좋겠지만 독서량이 적은 아이도 2주에 1권 정도면 독서력을 충분히 키울 수 있습니다.

　초등 국어 교육 과정에도 책 한 권을 읽는 데 2주의 시간을 배정하고 있습니다. 초등학교 3학년부터 6학년까지 모든 학기 국어 교과서의 첫 단원은 독서 단원입니다. 보통 한 단원이 10차시로 구성되어 있고 매일 국어 수업이 1시간이니 한 단원으로 2주 정도 수업합니다. 독서 단원 역시 진행되는 2주 동안 책 한 권을 정해서 읽습니다. 2주는 매일 꼼꼼히 읽고 이야기 나누면서 충분히 이해하며 책 1권을 읽기에 적당한 기간입니다.

## 빨리빨리 가고 싶어도 차근차근

요즘은 '빨리빨리 시대'이지요. 뭐든지 빨리 시작하고 빨리 완성하길 바라지만 글을 해독하고 공감하는 능력이 내 마음처럼 빠르게 성장하는 것이 아닙니다. 초등 6학년에 올라가는 아들과 이현 작가의 청소년 소설《1945, 철원》이라는 책을 함께 읽고 싶었던 적이 있습니다. 이 책은 아동 역사 소설에 비해 등장인물이 훨씬 많고, 사건은 복잡합니다. 그래서 인물 간의 갈등과 내면의 변화를 시대적 배경지식과 연관 지어 읽어 내야 합니다. 솔직히 아이가 읽기 어려울 거라고 생각하긴 했지만, 어서 청소년 도서로 넘어가길 바라는 조급한 마음으로 했던 시도였지요. 두께에 난색을 보이던 아이는 처음 20쪽을 읽더니 바로 덮어 버렸습니다. 무슨 말인지 모르겠다고요. 욕심을 부려 옆에서 세세하게 설명해 가며 읽으면 읽을 수 있었겠지만 깔끔하게 포기했습니다. 대신 스스로 읽는 힘을 기르기 위해 이 책과 연관된 서사가 있는 책들을 읽게 유도했습니다. 그로부터 6개월 뒤, 6학년 여름 방학 때 아이는 이 책을 스스로 읽었습니다. 그리고 저에게 각 인물에 대해 이야기하기 시작했습니다. 물론 이해가 되지 않는 부분은 스스로 질문하기도 했고요.

글자만 읽으면 벽돌처럼 두꺼운 책도 읽을 수 있습니다. 이웃집 아이가 내 아이보다 더 높은 단계의 지식 책이나 문학 작품을 읽고 있는 걸 보면 갑자기 불안해질 거예요. 하지만 아이들이 가지고 있는 정서적 공감도 살펴봐야 합니다. 진정한 문해력은 초등학생 아이가 성인 책을 얼마나 빨리 읽었는지가 아니라 제 학년의 책을 깊이 이해하며 읽고 있는가, 다음 학년에도 무리가 없을 만큼 충분한 학습력을 가지고 있는가입니다. 고학년은 다음 단계인 중학교 학습을 고려해 두어야 합니다. 중학교를 건너뛰고 고등학교의 학습량을 먼저 생각하지 마세요. 중학교 학습을 할 수 있는 소양 기르기를 하면 됩니다. '벌써 6학년인 우리 애는 이미 책 읽기엔 늦었어',

'그냥 국어 문제집 열심히 풀라고 할래' 하지 마시고 '2주에 1권 읽기'를 시도해 보세요.

## 무조건 많이 말고 깊이 있게

영어 학원, 수학 학원에 쫓기는 고학년 아이에게 책만 읽으라고 할 수는 없는 현실적인 상황도 고려해야 합니다. 아이들이 바쁜 와 중에 독서량을 무리하게 늘리면 독서가 제대로 이루어지지 않아 요. 책 한 권을 '해치우는 데' 급급하게 됩니다. 책의 줄거리 파악 수 준 정도의 얕은 독서에 머무르게 돼요.

학습의 기초를 마련하기 위해서 고학년은 앞서 언급한 독서 발 달 단계 중에서 '해독하는 독서가'에서 '유창하게 독해하는 독서가' 로 넘어가야 합니다. 초등 고학년 아이들에게는 앞서 언급했던 것 과 같이 '책에 대해 좋은 감정 갖게 하기'가 다음 단계로 나아가게 하는 데 아주 중요해요. 독서 교육의 목표도 중요하지만 초등 고학 년까지는 독서에 대한 '흥미'를 최우선으로 해야 합니다. 일단 읽고 싶어야 훗날을 기약할 수 있으니까요. 2주에 1권 읽기는 독서에 대한 아이들의 흥미를 유지하면서 독서를 이어 가기에 적당한 분량입니다.

대신 2주에 1권을 깊이 있게 읽어야 합니다. 눈으로 쓱 읽고 내용만 파악하는 게 아니라 책에 나오는 단어의 뜻도 유추해 보고 주제나 인상 깊은 구절의 의미를 충분히 생각하는 시간을 가지는 거지요. 2주에 1권을 깊이 읽는 방법은 뒤에서 자세히 설명하겠습니다. 2주라는 시간을 두고 책을 어떻게 읽을지도 스스로 생각하도록 합니다. 분량을 나눠서 읽을 것인지, 한 번에 다 읽고 천천히 다시 읽기를 할 것인지 읽기 전략을 선택하는 연습을 하는 거예요. 이런 경험을 통해서 독서 방법이 학습 방법으로 전이가 될 수도 있습니다.

2주에 1권을 읽으면 책을 여유 있게 읽을 수 있으니 두꺼운 책이더라도 읽기가 만만해져요. 나눠 읽으면 되기 때문이지요. 그 덕에 아이들이 여유가 생겨요. 책 속의 한 구절, 한 구절을 곱씹을 여유도 생기고 책과 관련된 또 다른 생각이 여러 갈래로 뻗어 나가게 하는 발판의 역할을 할 수도 있습니다. 독서량에 대한 부담이 덜어지니 마음에 드는 구절이나 중요한 구절은 필사도 해 볼 수 있죠. 2주 동안 책 한 권에 흠뻑 빠지는 경험을 할 수 있어요.

아이의 친구들과 2주에 한 번씩 만나는 책 모임을 하고 있습니다. 처음에는 1주에 1권씩으로 진행했어요. 그런데 아이들이 책을 제대로 소화하지 못하더라고요. 1주일은 책 내용을 파악하기에도 빠듯했습니다. 그래서 방법을 바꾸어 보았어요. 한 주 동안은 책 내용을 충분히 파악하고 한 주 동안은 여러 방법으로 뻗어 나가기로요. 그랬더니 책에 대한 아이들의 이해도도 훨씬 좋아지고 책과 연관된 활동을 통해서 배경지식이 넓어져서 그것이 또 다른 책을 읽어 내는 데 밑바탕이 되었어요. 내가 이미 배경지식을 가지고 있는 책을 읽는 것과 그렇지 않은 책을 읽는 것에는 차이가 있지요. 배경지식이 있다면 술술 잘 읽히고 기억에도 더 잘 남습니다.

처음에는 2주에 1권 읽기가 성에 차지 않을 수 있어요. 독서량에 대한 조급한 마음도 생기고 시시해 보일지 모릅니다. 하지만 1년이 모이면 26권이에요. 매해 26권은 적은 양이 아닙니다. 더군다나 깊게 읽기 때문에 독서의 질도 보장되고요. 실제로 1년에 26권도 읽지 않는 아이들이 더 많거든요. 또한 그 책들이 독서의 마중물이 될 수 있어요. 깊이 있게 읽다 보면 비슷한 주제의 다른 책을 찾아보기도 하고 책이 정말 재미있었다면 같은 작가의 책을 더 찾아보기도 합니다. 그러면서 독서의 양이 늘어날 뿐 아니라 넓이와 깊이도 확장됩니다.

고학년의 독서는 의식적으로 챙겨야 합니다. 그렇지 않으면 우선순위에서 밀려나기 때문입니다. 그렇다고 해서 독서를 너무 강요해서도 안 됩니다. 고학년 자녀를 대할 때는 세련됨이 필요해요. 독서에 대한 관심은 유지하되 너무 넘치지는 않도록 아이와의 관계를 반드시 먼저 생각하면서 아슬아슬 줄타기를 잘해야 합니다. 사실 이건 저도 참 어렵습니다. 그렇지만 2주에 1권 읽기는 아이들에게 크게 부담을 주지 않으면서 해 볼 만한 좋은 방법입니다. 엄마가 무리하게 강요한다는 인상을 피하면서 아이의 독서를 단단하게 챙길 수 있습니다.

어떤 아이들에은 2주에 1권조차 버겁다고 느낄 수도 있어요. 시간이 잘 안 나기 때문이지요. 그렇지만 매일 조금씩이라도 시간을 내야 합니다. 매일 조금씩 읽어 나가면 2주에 1권 정도는 충분히 읽을 수 있어요. 이 정도의 노력을 들이지 않으면 고학년 아이들은 책을 읽는 아이들만 읽고 안 읽는 아이들은 독서를 아예 놓아 버려요. 부모의 바람보다 훨씬 더 적은 아이들이 책을 읽는 것이 현실입니다.

초등학교 고학년 시기에 읽을 만한 책들은 이제 본격적으로 재미있어지기 시작합니다. 이야기의 구성도 더 풍성해지고 소재도 다양해져서 좋은 책을 고르기가 더 어려워지는 것 같지만 아이의 취향에 맞는 책을 잘 고르기만 한다면 더 몰입하며 읽을 수 있습니다. 초등 고학년은 제대로 책을 읽는 경험을 한다면 독서의 매력에 흠뻑 빠질 수 있는 시기이기도 하고요. 독서에 몰입하면 독서력 또한 크게 발전시킬 수 있는 시기예요. 놓치기에는 정말 아까운 시기이지요. 바쁘고 힘들더라도 많이 성장할 수 있는 귀한 시기, 2주에 1권 깊이 읽기로 잘 채워 갔으면 좋겠습니다.

2주 1권 책 읽기, 깊이 읽기만으로도 충분합니다. 이렇게 문해력과 자기 주도 학습력을 높이면 됩니다. 지금이 마지막 기회임을 잊지 마세요.

## 2부

# 아직은 엄마의
# 독서 지도가
# 필요합니다

# 글자를 읽는 것과
## 글을 읽는 것의 차이

30만 명 이상 구독하는 동영상 채널에서 '독서를 많이 하면 국어 점수가 오를까?'를 두고 토론하는 영상을 본 적이 있습니다. "독서를 많이 하면 국어 점수가 오른다", "아니다. 독서를 많이 하면 도움은 되겠지만, 국어 점수가 오르진 않는다"로 나뉜 양쪽 전문가들의 토론이 팽팽했습니다. 저의 눈길을 끈 것은 영상을 보신 분들이 쓴 댓글이었습니다. 각자의 경험을 토대로 독서와 국어 성적의 관계에 관한 생각을 전문가 못지않게 쓰셨더라고요. 그만큼 독서의 효과가 중요한 화두라는 것이 느껴졌습니다. 특히 우리가 기대하는 독서의 효과인 '성적 향상'에 관해서요.

요즘 서점에 가면 가장 자주 눈에 띄는 단어가 '문해력'입니다. 문해력이 부족하여 교과서를 잘 이해하지 못하고 그로 인해 학교 공부를 따라가기 힘든 아이들의 사례가 방송되면서 '문해력'에 대한 관심이 커졌습니다. 이후 문해력을 키우면 아이들이 교과서를 잘 이해할 수 있고, 성적 향상에 도움이 된다는 내용의 책이 많이 나오기 시작했습니다. 단순히 문해력이 무엇인지 알려 주는 책부터 '고전 읽기를 통한 문해력 키우기', '비문학 읽기를 통한 문해력 키우기', '교과서 읽기를 통한 문해력 키우기'처럼 문해력을 키우려면 어떻게 해야 하는지 구체적인 방법을 알려 주는 책까지 나오고 있습니다. 문해력을 키우는 방법에 대해 알려 주는 책들이 공통되게 말하는 것은 문해력을 키우기 위해, '읽어야 한다는 것'과 '독서가 중요하다는 것'입니다.

　"인간은 읽는 능력을 타고난 것이 아니라는 사실입니다. 문해력은 호모사피엔스의 가장 중요한 후천적 성취 가운데 하나입니다. 지금껏 알려진 바로는 다른 종에게는 그런 능력이 없습니다. 읽기는 우리 인류의 두뇌에 완전히 새로운 회로를 더했지요. 읽기를 습득하기까지 기나긴 발달 과정은 그 회로의 연결 구조를 깊고 탁월하게 바꿔 놓았습니다. 또한 뇌의 배선을 바꾸었으며, 그와 더불어 인간 사고의 본질에 변화가 일어났습니다.

우리가 무엇을, 어떻게 왜 읽는지에 따라 생각하는 방법도 변합니다. 그 변화는 지금도 속도를 더해 가며 계속되고 있지요. 불과 6,000년 만에 읽기는 개인의 내면은 물론, 문자 문화의 발달에도 혁신적 촉매가 되었습니다. 읽기의 질은 사고의 질을 보여 주는 지표일 뿐만 아니라 인류의 뇌 진화에서 완전히 새로운 경로로 나아가는, 우리에게 가장 잘 알려진 길이도 합니다."

- 매리언 울프, 《다시, 책으로》

읽는 능력은 인간이 태어날 때 가지고 태어난 것이 아닙니다. 저절로 글을 읽게 된 것도 아니에요. 초등학교 고학년이 된 지금 아이들이 글자를 다 알고 있으니 잊었지만, 글자 하나하나를 익히기 위해 시간을 들여 노력해야 했습니다. 몇 년 전, 한쪽에 한두 줄 뿐인 글을 더듬더듬 읽으며 문자와 의미를 연결하느라 끙끙 대던 아이들을 떠올려 보세요. 그 모습과 초등 5~6학년이 한쪽에 빼곡히 매운 글을 술술 읽는 모습은 차이가 납니다. 읽기는 곧 사고의 질을 보여 주는 지표입니다.

# 배경지식의 보고

초등학교에서 오랫동안 근무하며 느낀 소견을 밝히자면, 책은 꼭 읽어야 합니다. 읽기는 하루아침에 비약적으로 발전하지 않습니다. 한글을 갓 배운 아이들이 바로 두꺼운 동화책이나 비문학 책을 읽을 수 없듯, 읽기 능력은 눈으로 바로 확인할 수 없다 할지라도 차근차근 쌓이며 성장합니다. 교과서를 떠올려 보세요. 아이가 처음 학교에서 받아 온 초등학교 1학년 교과서가 생각나시나요? 5학년, 6학년이 된 아이의 교과서와 비교하면 교과서 속의 글자 수, 글자 크기, 글자 간격, 문장의 길이, 글 속에 담긴 내용 등 많은 것이 다릅니다. 학생의 읽기 능력 발달이 교과서에 반영된 것이지요. 저학년 교과서와 고학년 교과서의 차이를 보면 아이들의 읽기 능력이 매해 꾸준히 성장해 왔다는 걸 알 수 있습니다.

5학년 국어 시간, 아이들은 석빙고의 역사와 과학적 원리를 설명한 지문을 읽으며 '글과 관련이 있는 지식이나 경험을 활용해 읽기'를 배웁니다. 국어 교과서는 이 지문을 읽기 전에 1학기 과학 시간에 배운 '열의 이동'과 '냉장고'를 떠올려 보라고 합니다. 1학기 때 배웠던 열의 이동에 관한 지식을 석빙고의 구조를 이해하는 데 활용하며 읽게 합니다. '자기가 가진 지식이나 경험'은 '배경지식'으로 바꾸어 쓸 수 있습니다. 이 수업은 자기의 배경지식을 활용하여 글 읽기를 배우는 것입니다. 석빙고에 관해 설명하는 이 지문을 잘 읽으려면 어떤 능력이 필요할까요? 바로 열의 이동에 대한 배경지식이 있을 때 내용을 깊이 이해할 수 있습니다. 또 처음 보는 어휘가 나왔을 때, 앞뒤 내용을 보고 유추하여 어휘의 의미를 파악해 내는 능력이 필요합니다. 예를 들어 '진상'이라는 단어를 처음 보았다면, 책을 많이 읽은 아이들은 "임금에게 얼음을 진상"이라는 대목을 읽고 '임금에게 무언가 올리는 것을 높여 부르는 말이지 않을까?' 하고 단어의 의미를 금방 유추해 냅니다. 책을 읽어 본 경험이 적은 아이들은 모르는 어휘가 있는 지문 읽기를 어려워합니다. 앞뒤 문장을 읽으며 모르는 어휘의 의미를 짐작하는 것 자체를 힘들어합니다. 더구나 배경지식을 활용해 글을 읽자고 했는데 배경지식이 없으면 지문을 깊이 있게 읽어 내지 못하고, 글자만 읽게 됩니다.

6학년 국어 시간에는 도산 안창호의 연설을 읽으며 '이야기를 듣고 말하는 사람의 의도 파악하기'를 공부합니다. 이전 수업에서 지문 속에 있는 '문장에 포함된 관용 표현'을 배웠기 때문에 문장 하나하나의 의미를 이해하는 것은 어려워하지 않습니다. 아이들이 어려워하는 것은 지문 전체의 흐름을 파악하는 것입니다. 왜 이 연설을 했는지 모르니 이해를 할 수 없고 이해가 어려우니 추론하기는 더더욱 어려워합니다. 이 지문을 쉽게 이해하는 학생들은 어떤 학생들일까요? 평소 안창호 선생에 관한 배경지식이 있거나, 이 시대적 상황을 잘 알고 있는 학생들이지요. 결국 글의 배경지식이 있을 때 글을 더 깊이 읽을 수밖에 없습니다.

아이들은 전쟁이라는 소재를 접할 때 어떤 영웅이 활약했는지, 어떤 전술을 썼는지, 어떤 무기가 나왔는지, 어느 나라가 이겼는지에 집중하는 경향이 있습니다. 역사 동화《열두 살의 임진왜란》은 《쇄미록》을 바탕으로 임진왜란 당시 백성들의 모습을 작가의 상상력을 더해 그려 낸 소설입니다. 열두 살 담이가 갑작스레 일어난 왜란으로 가족을 잃고, 겪는 일들을 그려 냈는데요. 이야기 속에 임진왜란을 겪는 백성들의 참혹한 모습이 많이 나옵니다. 이 책을 읽고, 아이들은 "전쟁이라고 하면 영화나 드라마에 나오는 싸우는 장면만 생각했었는데, 백성들의 시각으로 보니 전쟁은 힘없는 여자와 아이, 노인에게는 너무도 큰 고통이었음을 알게 되었어요", "앞으로 국제 뉴스 속 전쟁 기사를 보면 그 나라 사람들은 얼마나 힘들까를 먼저 생각할 것 같아요", "나라의 지도자들이 전쟁이 일어나지 않도록 노력해야 해요" 등의 소감을 말했습니다. 이 책을 읽고 배경지식을 쌓은 아이들은 앞으로 임진왜란에 대한 글을 읽을 때 좀 더 깊이 생각하며 읽을 것입니다. 더 나아가 다른 전쟁에 관한 글을 읽을 때도 글의 의미를 더 깊이 생각할 것입니다. 또 전쟁에 관한 자기만의 판단력도 가지게 될 것입니다. 책을 읽는다는 것은 배경지식을 쌓는 것이며, 배경지식이 쌓여야 글을 더 쉽고 깊이 이해할 수 있습니다.

## 기본 학습 능력을 갖추는 빠른 길

처음 본 어려운 어휘가 나와도 앞뒤 문장의 내용을 연결 지어 유추하는 능력이 있으면 어렵더라도 긴 글을 끝까지 읽어 낼 수 있습니다. 앞뒤 내용만 있고 비어 있는 가운데 부분을 추론해 낼 때도 평소 글을 많이 읽은 아이들은 어려워하지 않습니다. 초등 교과서를 읽을 때 필요한 능력인 '배경지식 이용하기', '어휘를 유추하는 힘', '추론 능력'은 아이들이 갖춰야 할 기본적인 학습 능력입니다.

이 기본 학습 능력은 어떻게 기를 수 있을까요? 바로 책을 읽으면 됩니다. 식상하죠? 하지만 그만큼 읽기는 중요해요. 결국 읽어야 읽기 능력이 길러집니다. 읽기 능력을 키우는 가장 효과적인 방법은 '독서'입니다. 교과서 읽기를 힘들어하는 학생들이 교과서를 잘 읽도록, 교과서를 잘 읽는 학생들이 교과서를 더 잘 읽도록 돕는 방법은 '독서'입니다. 이에 대해 매리언 울프는 다음과 같이 말합니다.

> "아이들은 더 어렵습니다. 끊임없이 주의가 분산되는 데다 외부에서 자극이 밀려들지만 그것이 지식의 저장고에 통합되지는 않기 때문이지요. 이 말은 읽기에서 비유와 추론을 끌어내는 아이들의 능력이 점점 더디게 발달할 거라는 뜻입니다. 아이들의 읽는 뇌가 이런 식으로 진화하는데도 대부분의 사람들은 걱정조차 하지 않습니다."
>
> - 매리언 울프, 《다시, 책으로》

읽는 과정은 쉽지 않습니다. 어려운 어휘와 낯선 내용이 나올 때, 글자를 읽긴 했지만 문장의 의미를 이해할 수 없을 때 아이들은 금세 읽기를 포기하고 싶어집니다. 하지만 내가 알고 있는 지식과 새롭고 낯선 것의 차이를 비교하고 비슷한 점을 발견하면서, 글에 담긴 비유를 이해하고 글에 표면적으로 드러나지 않은 내용을 추론하며 읽는 과정을 체험하면서 아이들의 독서력은 발전하고 깊은 사고를 할 수 있게 됩니다. 읽는 뇌의 성장이 얼마나 중요한지 알면서도 당장 밀린 과제 때문에 독서를 미룹니다. 당장의 영어와 수학 시험 점수 때문에 독서력의 성장을 뒤로 미루고 걱정만 합니다.

아이들을 유혹하는 것은 많습니다. 또 좋은 결과가 즉각 나타나지 않으니, 독서의 효과는 미비하게 느껴질 수밖에 없습니다. 하지만 문제집에 실린 지문이나 조그맣게 실린 칼럼만 읽고 읽기 능력이 발달하기를 바란다면 '읽기'로 얻을 수 있는 것 중 일부만 얻는 것입니다. 읽은 내용을 자기만의 '지식'으로 저장하고, 낯선 어휘가 더는 낯설지 않은 어휘가 되며, 글 속에 없는 작가의 생각을 추론하는 능력을 얻길 바란다면 책 1권을 깊이 읽는 게 가장 효율적인 방법일 것입니다. 읽기 능력은 포기하지 않고 읽어야 향상됩니다. 지금 당장 좋은 결과가 보이지 않아도 독서를 이어 가야 합니다.

# 독서 편식을 억지로 고치려 하면
## 책과 멀어진다

### 편독은 정말 나쁜가

"철수는 책도 많이 읽고 좋겠어요."

"말도 마세요. 그놈의 《해리 포터》만 주야장천 읽고 있어요. 해리포터와 관련된 책만 읽어서 걱정이에요. 다른 책도 좀 읽어야 할 텐데."

초등 고학년 학부모의 흔한 고민입니다. 철학 책도 읽으면 좋겠고, 과학 책도, 역사책도 읽으면 좋겠는데 매번 읽던 책만 읽어 걱정스럽다고요. 도서관이나 서점에 데려가도 다른 분야에는 눈길도 안 주고 매번 비슷한 책만 읽으니, 이래도 되는지 걱정이 된다고 합니다. 부모님은 아이가 다양한 분야의 책을 읽었으면 하는데, 아이는 따라 주지 않으니 답답할 수밖에요. 그런데 중학생 부모님들에게 자녀의 편독에 대해 걱정이 없는지 여쭤보면 '읽는 게 어디예요'라는 대답이 돌아옵니다. 이 말은 '스스로 읽고 싶은 게 있다는 게 어디냐'라는 뜻으로 해석됩니다. 아이들의 특성 아시지요? 하고 싶은 것, 갖고 싶은 것이 있으면 어떻게든 자기 뜻을 이루려고 하는 특성 말이에요.

아이들이 좋아하는 책만 읽는 것, 즉 편독에 관한 독서 전문가들의 의견을 정리해 보면 약간의 차이가 있긴 하지만 대체로 '아이의 편향된 취향이 있다는 걸 인정하되, 더 넓은 독서를 하도록 도와야 한다'로 모입니다. 편독 그 자체를 취향으로 인정하되, 시야는 넓혀야 한다는 말이지요. 그렇다면 시야를 넓히는 독서는 어떻게 해야 할까요?

판타지, 추리, 창작 소설 등 문학만 읽는 아이를 보며 부모님은 이런 걱정을 합니다.

'수능 시험에서는 비문학이 결정적이라고 하는데 긴 비문학 지문을 읽으려면 초등학생 때부터 미리 비문학 도서를 읽는 연습을 해야 하는 거 아니야?'

'어렵다는 중·고등학교 사회, 과학 책들을 수월하게 읽으려면 비문학 책을 미리 읽어 두는 게 도움이 된다고 하는데, 우리 아이는 문학만 읽으니 이를 어쩌지?'

반대로 비문학 책만 읽는 아이를 보면서는 '수능 시험에 문학이 나오는데 이렇게 문학 작품을 안 읽어도 될까?' 하는 걱정을 하지요.

아이가 한 분야의 책만 읽을 때 부모님의 걱정이 시작됩니다. 아이가 다양한 분야의 책을 스스로 골고루 읽으면 얼마나 좋을까요? 그렇지만 좋아하는 분야의 책이 있다고 자신 있게 자기 취향을 말할 수 있는 그 자체도 매우 훌륭합니다. 목표가 시야를 넓히는 독서라면 비문학 책이든, 문학이든 자녀의 편독을 바라보는 관점을 달리해야 합니다. 어떤 한 분야에 푹 빠져 책을 읽어 본 학생이 시야를 넓혀 다른 분야의 책을 읽는 데도 더 유리합니다.

아이의 시야를 넓히는 독서를 위해 여러 방법을 생각해 볼 수 있습니다. 하지만 다양한 분야의 책을 가져다 놓고 강제로라도 읽게 하거나, '이 책 읽으면 갖고 싶은 보상을 주겠다'와 같은 전략을 생각했다면 이 전략이 오래갈 수 있을지 고민해 봐야 합니다. 부모님이 자녀에게 바라는 것은 스스로 다양한 분야의 책을 골고루 읽는 것이니까요. 이런 임시적인 방편을 선택하기보다는 조금 더 계획적으로 접근해 보는 게 어떨까 합니다.

우선 아이가 좋아하는 책의 주제를 살펴보는 것이 좋습니다. 내 아이가 편독을 한다면, 아이가 빌려 오거나 사 달라고 하는 책 몇 권만 봐도 취향을 바로 파악할 수 있을 거예요.

탐정에 푹 빠져 탐정 소설, 추리 소설만 읽는 아이가 있었습니다. 이 아이는《스무고개 탐정》시리즈를 읽은 후《셜록 홈스》시리즈로 넘어가더니, 그 후로도 계속 책 이름만 다르지 추리 소설만 찾아 읽는 추리 소설 마니아였습니다. 보통 편독을 걱정하는 부모님께는 '조금 더 기다려 보세요'라는 말씀을 드리지만, 아이가 추리 소설에 나오는 잔인한 장면에 빠져든 것은 아닌가, 걱정하시는 걸 보고 덩달아 고민이 되었습니다.

먼저 아이가 기분이 좋아 보일 때 다가가 물었습니다.

"탐정이 나오는 소설이 왜 좋아?"

"저는 단서를 찾아서 사건을 해결하는 과정을 보면 가슴이 뻥 뚫리는 것 같아요."

이렇게 대답하더군요. 더불어 자기는 보드게임도 '클루'를 제일 좋아한다고 하더라고요. 이 아이가 '단서'를 좋아하고 '사건 해결(문제 해결)'을 좋아한다는 말에서 힌트를 얻어 퍼즐, 수수께끼와 관련된 책을 권했습니다. 처음엔 선생님이 추천하니 아이가 예의상 '책을 펼쳐는 볼게요'라는 표정으로 책을 받아 들었는데 곧 흥미를 느꼈는지 이 분야의 책을 읽기 시작했습니다.

요리를 좋아하는 아이가 《오무라이스 잼잼》이란 책에 빠졌습니다. 이 책은 요리 관련 만화책인데, 음식이 만들어지는 과정과 음식의 유래 등을 소개하는 책으로 14권까지 나온 인기 있는 시리즈입니다. 아이의 부모님은 요리를 좋아하는 아이의 취향은 존중하지만, 아이가 만화책만 읽는 걸 많이 걱정하셨습니다. 부모님의 걱정을 이해는 했지만, 교사로서 저는 아이가 요리라는 분야에 관심을 가졌다는 게 매우 좋아 보였습니다. 오히려 더 권하기도 했어요.

"이 책이 재미있니?"

"어떻게 이 책을 좋아하게 되었어?"

"요리를 다룬 다른 책은 없니?"

열심히 책을 읽는 아이가 기특해 관심을 갖고 물어보며 대화를 나누었는데요.

대화를 나누며 아이는 《미스터 초밥왕》도 있어요" 하며 다른 책을 소개해 주기도 하고, "선생님 《퀴즈! 과학상식 : 별난 요리》란 책 있는데 읽어 보셨어요? 음식에도 과학이 들어가요" 하고 저에게 제법 긴 시간 요리와 과학이 얼마나 깊게 관련되어 있는지를 설명하기도 했습니다. 한 번씩 요리법에 관해 이야기도 하고요. 한번은 아이의 말을 듣다가 "감자는 우리나라에 원래 있던 거야?"라고 물었더니, 며칠 뒤 아이가 《역사로 통하는 맛의 항해》를 펼쳐 보이며 "아니에요, 남미에서 왔대요. 이 책 읽어 보세요" 했습니다. 아이는 음식 재료의 역사까지도 관심을 확장하며 만화책이 아닌 책들을 읽기 시작했습니다.

만화책이 아닌 책을 읽기 시작한 아이의 모습이 흐뭇했던 게 아니라, 편독했지만 이 아이가 가진 능력에 더 눈길이 갔습니다. 이 아이의 능력은 무엇일까요?

자기가 읽은 내용을 구조화해 다른 사람에게 논리정연하게 전달할 수 있으며, 자기가 가진 지식을 스스로 확장할 줄도 압니다. 우리가 책을 읽으며 얻길 바라는 국어 능력을 다 갖춘 게 아닐까요?

## '덕후'의 확장력

추리 소설과 요리 책을 편독했던 이 아이들 외에도 시야를 확장하는 독서를 하는 편독가들의 사례는 많습니다. 편독하는 아이가 여러 분야로 뻗어 나갈 수 있게 하는 책은 무궁무진합니다. 편독이 걱정된다고 해서 잘 읽고 있는 책을 못 읽게 하거나 갑자기 관심도 없는 책을 들이밀어선 안 됩니다. 빠져드는 건 존중하되 시야를 확장할 수 있도록 권해 주세요. 우리 주변에 읽을거리는 차고도 넘칩니다. 신문 기사, 칼럼, 비문학, 문학, 시, 영화 평론 등 아이가 관심 있어 하는 주제에 맞춰 비문학과 문학을 내밀어 보세요.

제가 맡았던 아이 중 귀신에 푹 빠진 학생이 있었습니다. 제가 이 학생을 만난 것은 이 학생이 저학년 때였습니다. 이 아이는 유치원 때 〈신비아파트〉 애니메이션에 빠져서 만화책뿐만 아니라 굿즈며 퍼즐 북, 컬러링 북 등 관련 제품까지 엄청나게 샀다고 했습니다. 또 가족과 꼭 함께 가고 싶은 여행지가 '귀신의 집'이라고 발표해서 같은 반 아이들과 함께 놀랐던 적도 있었지요. 고학년이 된 지금은 그때만큼 빠져 있진 않지만, 여전히 귀신과 요괴에 관심이 많다고 합니다. 그런데 놀라운 점은 읽고 있는 책의 종류가 확장되었고 더 다양한 독서를 하고 있었다는 점이었습니다. 그 아이가 직접 만든 '귀신 백과사전'을 보고 '세상에! 책을 읽고 정리하는 능력을 이렇게 실생활 속에서 볼 줄이야!' 하고 감탄하기도 했습니다.

아이가 편독하는 책의 주제를 보고, 주제를 확장할 방법을 모색하는 것도 좋습니다. '전쟁'에 빠진 아이라면, 전쟁에 관한 문학, 비문학, 영화, 인터넷 동영상, 뉴스, 강의, 뮤지컬 등 같은 주제를 가진 다양한 세계가 있다는 것을 느낄 수 있게 접근하게 해 주세요. 그러면 아이가 더 넓은 분야로 뻗어 나갈 수 있습니다. 스포츠라면 스포츠의 역사, 역대 선수와 그들의 성장기, 그들의 연습량뿐만 아니라 스포츠 마케팅, 우리나라의 인기 종목과 비인기 종목의 종류 등 폭넓은 확장이 가능합니다. 샤프를 좋아하는 아이는 샤프의 탄생, 역사, 발명을 한 사람, 학용품의 역사 등 관련 서적을 찾아 가며 확장하는 독서를 할 수 있습니다.

'덕후'가 성공한다는 말이 요즘 우스갯말로 돌고 있는데요, 이 말을 조금 깊이 들여다볼 필요가 있습니다. '덕후'라 불리는 이들이 처음엔 점처럼 작은 한 가지에만 몰두해 있는 것 같지만, 이 관심사가 점점 확장되고 다른 분야와 연결되면서 깊이와 너비를 확장합니다. 지식을 무한정 흡수하던 덕후들이 자기가 흡수했던 지식을 바탕으로 만들어 내는 무한한 생산력은 혀를 내두를 정도로 놀랍습니다.

초등 저학년 때 아이가 가졌던 관심이 있다면 지금 어디로 향해 있는지 떠올려 보세요. 그리고 고학년이 된 아이가 자기 관심을 더 넓게, 더 깊게 확장하도록 도와주었으면 좋겠습니다. 취향이 확고한 아이들은 독서를 통해 시야를 넓히는 경험을 하면 다른 분야로 눈을 돌릴 때도 빠른 속도로 지식을 흡수합니다. 편독할 때 익힌 독서 방법을 바탕으로 깊게 파고드니 또 다른 분야의 전문가가 되는 것입니다. 지금 우리 아이는 무엇을 좋아하나요?

# 수준 낮은 책만 읽는다면
## 어휘나 환경을 점검하라

자녀가 읽는 책의 수준 때문에 고민하는 고학년 학부모님들이
제법 있습니다.

"아직도 학습 만화만 읽어요."

"이야기책도 읽지만, 학습 만화와 둘 중 하나를 고르라고 하면
학습 만화를 골라요. 제가 강요하니 어쩔 수 없이 이야기책을 읽는
것 같아요."

"학년 필독서는 안 읽고 동생들이 읽는 얇고 쉬운 책만 읽어요."

## 환경 점검하기

매해 새로운 학생들을 교실에서 만나는 교사들도 같은 고민을 합니다. 교실에서 아침 독서 시간에 고학년생들이 읽고 있는 책들을 관찰하면 두께도 얇고 좀 쉽지 않을까 싶은 책을 한 달 내내 읽고 있는 학생도 있어요. 또 한 권을 채 다 읽기도 전에 계속 책을 바꾸는 학생도 있어요. 반면 '이 책을 초등학생이 읽을 수 있을까?' 싶을 만큼 어려운 책을 읽는 학생도 있어요. 책 제목에 놀라, 학생을 다시 한번 보면 그 학생은 제가 보는 줄도 모르고 책에 푹 빠져 있습니다. 아이들의 독서력 차이를 피부로 실감하는 순간입니다. 쉬워 보이는 책을 읽는 아이들에게 다른 책도 읽어 보라고 권하면, '제 취향이 아니에요', '집에 읽을 만한 책이 없어요', '도서관에 다녀올 시간이 없었어요' 등등의 이유를 대곤 합니다. 그중 "집에 읽을 만한 책이 없어요"라는 대답이 인상적이어서 자세히 물어보았습니다.

"집에 어떤 책들이 있니?"

"유치원 때 샀던 그림책 전집이랑 위인전집이요."

듣고 있던 다른 아이들도 "그 책 우리 집에도 있어요", "우리 집엔 비슷한 종류의 다른 책이 있어요"라며 한마디씩 거들었습니다.

아이들의 말을 기억해 뒀다가 책 제목을 검색해 보니 고학년 아이들이 읽기에는 너무 쉬운 책이었습니다. 그림책 수준의 글밥을 졸업한 아이들에게 부모가 기대하는 것은 읽기 독립입니다. 하지만 무릎 위에 앉혀 놓고 책을 읽어 주던 어린아이가 이젠 한글도 알고 스스로 읽을 줄 아니, 다음 단계의 읽기는 아이의 몫이라고 생각하면 안 됩니다. 많은 부모님들은 책이 주변에 있기만 하면 아이가 스스로 읽기를 잘하리라 생각하지만, 여전히 아이들에겐 독서가 만만하지 않습니다. 도움이 필요합니다. 집에 책이 많아도 고학년 아이들이 읽을 만한 책인지 꼼꼼하게 살펴보기를 바랍니다.

글밥이 적은 책들, 아이가 어린 시절 읽던 책들이 있다면 정리하세요. 그리고 아이가 읽을 책, 조금 두껍고 어려운 책들과 아이가 흥미 있어 하는 책들을 구비해 읽는 환경을 만들어 주세요. 책의 양이 많지 않아도 됩니다. 책을 사는 데 들어가는 비용이 걱정된다면 매일 새롭게 출간되는 새 책과 다양한 분야의 책들을 한꺼번에 구경할 수 있는 곳, 도서관을 적극적으로 이용하길 권장합니다. 가족 수만큼 대출증을 만들고 한도까지 꽉꽉 채워 빌릴 수 있는 만큼 빌려 오는 겁니다. 제가 사는 지역의 공공 도서관에서 1인이 빌릴 수 있는 책은 5권입니다. 저희 가족은 4명이어서 20권을 빌릴 수 있습니다. 2주마다 20권의 책이 계속 바뀌는 책장을 상상하면 벌써 책 읽는 자녀의 모습이 떠오르지 않나요?


## 어휘력 점검하기


읽을 환경이 충분히 갖춰져 있는데 고학년인 자녀가 쉬운 책만 읽는다면 책을 어떻게 읽고 있는지, 왜 고학년생들이 읽을 만한 책을 읽지 않는지 자세히 살펴볼 필요가 있습니다. 이럴 경우, 독서 전문가들은 어휘를 어려워해서 읽지 못하는 것으로 추측합니다. '우리 아이가 끈기가 없어요. 쉽게 질려요', '우리 아이의 흥미를 끄는 책을 못 만났어요'라고 생각하지 마시고 '이 책이 우리 아이한테 어려운 것인가?' 하는 조금은 다른 시선으로 봐 주세요.

전문가들은 책을 읽는 과정을 반복하며 아는 어휘가 차곡차곡 쌓이고, 내가 아는 어휘로 문장을 읽고, 문장 속에 숨은 비유와 추론을 이해하는 과정을 계속 되풀이하며 점점 독서 능력과 수준이 발달한다고 말합니다.

읽는 과정을 반복해야 아는 어휘가 쌓입니다. 어휘가 쌓여야 내가 아는 어휘로 문장을 읽을 수 있습니다. 문장을 이해해야 문장 속에 숨은 비유와 상징을 읽어 낼 수 있고 문장과 문장 사이의 맥락을 이해하여 추론할 수 있습니다. 쌓아 놓은 어휘가 부족하면 글은 읽지만 그 문장의 의미를 잘 모르고 글자만 읽게 되는데요. 이때 아이들은 책에 대한 흥미를 급격히 잃습니다. 책을 읽지 않으려 하거나 쉬운 책만 고르지요. 하지만 책을 읽지 않으면 어휘력이 자연스럽게 성장할 기회도 잃습니다. 고학년인 아이가 비슷한 또래 아이들이 읽는 책을 읽지 못한다고 생각되면 독서력을 어떻게 키워 줄 수 있을지를 고민해야 합니다.

어른도 어려운 책을 읽으면 '내가 방금 읽은 게 뭐지? 검은 것은 글자요, 흰색은 종이구나' 할 때가 있습니다. 분명 읽었는데 그 의미를 모를 때 어떤가요? 중도에 읽기를 포기하거나 꾸역꾸역 읽기는 하되 의미도 모르고 읽기를 마치곤 하지요. 아이들은 어른보다 훨씬 더 빠르게 결정을 내리기에 중도 포기하는 경우가 많습니다. 한 권을 끝까지 읽지 못하고 매번 읽는 책을 바꾸는 학생도 마찬가지로 부모의 도움이 필요합니다.

아이가 자기 학년의 책을 읽을 수 있는지 알고 싶으면 학년 추천 도서나 필독서 목록을 활용해 보세요. 도서관이나 서점 사이트에 학년 인기 도서 목록 중 아이의 취향에 맞는 주제의 책을 한 권 골라 보세요. 아이에게 책을 고를 우선권을 주세요. 책을 고르면 딱 30쪽을 함께 읽어 보세요. 아이가 읽는 모습을 옆에서 세심한 눈길로 지켜보시길 바랍니다.

먼저, 어휘를 어려워하는지 살펴봅니다. 어휘를 잘 아는 것 같으면 아이가 문장을 읽고 그 속에 든 의미를 파악하며 읽는지 관찰하세요. 30쪽가량을 다 읽을 때까지 기다렸다가 아이에게 낯설 것 같은 어휘를 무작위로 골라 의미를 물어보세요. 정확한 뜻은 말하지 못해도 어느 정도 의미를 설명한다면 어휘를 이해하며 읽은 것이에요. 하지만 설명하지 못한다면 어휘를 어려워하는 것입니다. 또 유창하지 않더라도 읽은 내용의 핵심적인 줄거리를 잘 설명한다면 책을 이해하며 읽은 것이에요. 하지만 핵심을 파악하지 못한다면 책이 어려운 것입니다. 이럴 경우, 같은 주제를 다룬 책 가운데 어휘와 내용이 조금 더 쉬운 책을 찾아서 읽도록 이끌어 주세요. 충분히 어휘와 문장들이 쌓여 익숙해지면 그다음 책으로 나아갈 수 있습니다.

세계적인 언어학자인 스티븐 크라센Stephen Krashen은 《크라센의 읽기 혁명》에서 "읽기는 언어 학습의 최상의 방법이 아니다. 그것은 유일한 방법이다"라고 했습니다.

이 말을 '읽기는 독서력을 키우는 최상의 방법이 아니다. 그것은 유일한 방법이다'라고 해석한 분의 글이 마음에 강하게 와닿았습니다. 독서는 독서력 향상의 유일한 방법입니다. 아이의 읽기 능력을 정확히 판단하고 그에 맞는 도움을 줄 때입니다. 조금은 더 두껍고 어려운 어휘가 나오는 책을 아이에게 권해 주세요.

아침 독서 시간에 역사 관련 학습 만화만 읽는 5학년 학생이 있었습니다. 역사를 매우 좋아하는 학생이었는데, 국어 시간 지문을 읽을 때 어휘 유추를 하지 못하는 모습이 보였습니다. 어휘의 의미 파악이 안 되니 글의 내용 파악도 어려워했습니다. 다른 과목 시간에도 학습을 어려워하는 모습이 보였고요. 아이가 역사에 흥미가 많으니, 글밥이 적고 두께가 적당한 《삼국유사》를 함께 읽자고 권했습니다. 《삼국유사》에 나오는 이야기의 구성은 복잡하지 않지만, 낯선 어휘가 종종 나왔습니다. 앞뒤 문장을 읽으며 어떤 의미일지 짐작하며 천천히 읽기를 했어요. 처음엔 "어떤 내용인지 만화로 읽었던 것도 있어 알겠는데, 말이 어려워요" 하던 아이가 책을 읽으면 읽을수록 어휘의 의미를 짐작해 내기 시작했지요. 아는 어휘가 쌓이고 익숙해지니, 긴 문장의 글을 읽는 힘도 생겼습니다. 다음 책으로 역사에 관심이 많으니 아동 역사 소설을 읽어 보라고 추천했어요. 여름 방학이 지나고 나서 이 학생의 방학 숙제를 확인해 보니 '방학 동안 읽은 책 기록하기' 목록에 학습 만화가 없었습니다. 5학년을 마칠 때쯤엔 아이가 아침 독서 시간에 5학년 필독 도서를 읽고 있는 모습을 볼 수 있었어요.

주말 책 모임 첫 시간에 꼭 하는 활동이 어휘 챙기기 활동입니다. 한 권을 빠른 속도로 읽었다고 만족하던 아이들에게 무작위로 뽑은 어휘의 의미를 이야기해 보라고 했습니다. 그랬더니 원래 의미와 다르게 알고 있거나 모르면 모르는 대로 그 부분은 빼고 이해하고 있었어요. 그렇게 책을 읽다 보니 대강의 흐름은 알지만, 일부 장면은 이해하지 못하기도 한다는 사실을 알게 되었지요. 그때부터 책 한 권에 10개에서 15개 정도 어휘의 정확한 의미를 알아보는 활동을 했습니다. 어휘 챙기기 활동을 한 다음부터 책을 읽을 때 내용 이해가 훨씬 쉬워졌습니다. 어휘가 쌓이며 아는 문장이 많아지니, 문장에 숨은 의미를 파악하는 능력이 발전한 것이지요. 어휘는 지금도 계속 쌓아 가고 있습니다.

'언젠가는 읽겠지?' 하고 기다리기만 하면 안 됩니다. 아이가 흥미를 조금이라도 가진다면 다양한 방법을 동원해 관심을 확장하고 읽는 힘을 기를 수 있게 적극적으로 도와야 합니다. 잊지 마세요. 지금 읽어야 합니다. 지금을 놓치지 마세요.

참고로 만화책이나 그림책이라고 무조건 쉬운 책이라고 보시면 안 됩니다. 요즘은 만화의 형식을 빌려 나오는 철학, 과학, 고전 시가, 수학 개념 책도 많습니다. 길고 어려운 내용을 좀 더 쉽고 단순하게 전달하고자 만화 형식을 빌려 왔을 뿐, 내용 면에서 아이의 학년보다 더 어려운 개념을 설명한 책들도 있습니다. 그림책은 글밥이 작습니다. 쉬워 보이지만 그림책이 가지고 있는 비유와 상징은 문장 속에 감춰진 의미 찾기를 하는 데 큰 도움이 됩니다. 또 요즘은 수학이나 과학의 개념을 이야기 형식으로 읽을 수 있도록 풀어낸 책도 많고, 경제, 사회, 과학 분야의 어려운 소재를 재미있게 풀어낸 책도 많습니다. 개념 이해나 지식 또는 정보 습득이 목적이라면 다양한 방법으로 접근해도 됩니다. 어려운 비문학 책만 끙끙대며 읽지 않아도 된다는 뜻입니다.

# 책만 보면 짜증 내는 아이를
## 독서로 끌어당기는 방법

상담 중에 고학년 독서에 대해 학부모님의 걱정을 피부로 느끼는 순간이 있습니다.

"어머님, 제가 올해 무엇을 도와드리면 될까요?"

"선생님, 과제로 독서록 쓰기를 내 주셨으면 합니다."

가정에서도 학교 숙제를 좋아하지 않는 분위기였기에 이런 부탁을 받으면 이유를 꼭 여쭤보는데요.

"제가 책을 읽으라고 하면 아이가 짜증만 내고 말을 안 들으려고 해요. 표정에서 벌써 하기 싫다는 게 느껴져서 말도 못 꺼내겠어요. 선생님이 과제로 내어 주시면 억지로라도 읽고 독서록을 쓰지 않을까요?"

5~6학년 담임을 맡을 때마다 겪는 일입니다. 많은 학부모님이 독서록 쓰기를 과제로 내면 독서를 할 것이라고 믿습니다.

하지만 현실은 독서록 쓰기를 과제로 낸다고 해도 부모님의 기대만큼 강제력이 있진 않습니다. 학교에서 내 준 과제가 학생 자율로 해도 되고 안 해도 되는 선택 사항이 되어 버렸기 때문입니다. 요즘의 학교 상황에서 스스로 책을 읽지 않는 학생에게는 학교 과제인 독서록이 책을 읽게 하는 데 영향을 주지 못하는 경우가 많습니다.

어떻게 하면 자녀에게 책 읽기를 권했을 때 거부하기보다 긍정적으로 받아들일 수 있을까요? 더 나아가 스스로 책 읽기를 할 수 있을까요?

## 시간과 노력이라는 열쇠

고학년이 되면서 아이들에게 저학년 중학년 때와는 다른 생활들이 펼쳐집니다. 점점 늘어나기만 하는 학원 숙제와 새롭게 눈에 들어오기 시작한 것들(연예인, 스포츠 등), 친구들과 함께할 관심사들, 무궁무진한 휴대폰 속 세상은 책보다 훨씬 재미가 있습니다. 더구나 두뇌를 사용해서 한 글자, 한 글자 집중해서 읽어 내야 하는 독서는 터치만 하면 바로바로 응답하는 휴대폰 세상에 비해 답답하고 느립니다. 방과 후 밖에서 친구들과 함께 어울려 놀 수 있었던 옛날과는 달리, 요즘 아이들은 각자의 일정으로 바쁩니다. 같은 공간에서 충분히 함께하지 못했던 친구들과 휴대폰 세상에서 만나 함께 보내는 시간은 세상 그 무엇보다 달콤할 수밖에 없습니다. 그런 즐거움과 독서 중 아이들의 마음이 어디로 향할지는 따져 볼 필요도 없습니다. 더구나 방금까지 숙제하느라 두뇌를 온전히 가동했는데, 또 책을 읽으며 '생각'이란 걸 해야 한다니, 아이들에게는 학원의 과제와 다를 바 없게 느껴집니다. 아이들이 책을 과제로 인식하게 될수록 책과의 거리는 멀어집니다. 책과 멀어진 아이들의 관심을 독서로 이끄는 것은 사실 부모님의 '시간과 노력'입니다.

"시간과 노력을 들인다고? 난 못하겠어!"라고 미리 부담감을 가지지 마시길 바랍니다. 이미 이 책을 읽고 계신 부모님은 아이의 독서에 관심과 노력을 기울이기 시작한 것이니까요. 자녀가 스스로 독서의 세계로 빠져들게 하는 전략을 고민해 봅시다.

아이가 독서에 호감을 느끼게 하려면 먼저 아이 생활의 우선순위를 생각해 봐야 합니다. 아이가 학교와 학원 과제를 해결한 후 휴식 시간에 제일 먼저, 제일 많이 하는 것은 무엇인가요? 달콤한 휴식 시간, 지금까지의 루틴과는 달리 독서를 우선으로, 자주 하도록 하려면 '변화'가 필요합니다. 부모가 독서를 강요하지 않아도 아이가 스스로 책을 찾아 읽는 '아름다운 습관'이 자연스레 생활에 스며들게 하려면 '시간과 노력'이라는 투자가 필요합니다.

자녀가 휴식 시간 게임을 많이 한다거나 유튜브 영상을 본다면 주로 어떤 종류의 게임을 하는지, 어떤 내용의 영상을 보는지 아시나요? 지금부터 아이를 잘 관찰해 봅시다. 자녀가 주로 하고, 반복적으로 찾아보는 내용을 눈여겨본 다음, 자녀의 관심사를 주제로 대화를 나눠 보세요.

"어떻게 알게 되었어?"

"왜 좋아하게 되었어?"

"어떤 부분이 좋아서 계속하게 되었니?"

이런 질문을 던지며 자녀가 하는 것에 관심이 있고 아이의 이야기에 귀 기울이고 있다는 걸 먼저 보여 주세요. 사춘기 자녀에게 가장 많이 듣는 대답 1~2위를 다투는 "몰라요", "그냥요" 등의 다소 부루퉁한 대답이나 부정적인 대답을 듣는다 해도 곧바로 부정적인 느낌을 표현하거나 훈계하지 말아 주세요. 대신 '그런 점도 있구나, 이런 점은 좋아 보인다' 같은 반응을 보여 주세요. 사람은 자기 말을 잘 들어 주는 사람, 자기가 좋아하는 사람의 말을 잘 듣기 마련입니다. 고학년 이상의 아이에게 자녀에 대한 사랑 표현에는 의식주를 잘 해결해 주는 것을 넘어서서 정서적 유대와 공감을 만족시키는 것까지 포함됩니다.

## 책을 대화의 통로로 만들기

아이와 관계가 좋을 때나 아이가 바쁘지 않을 때, 아이가 편안한 상태일 때 책에 관한 이야기를 꺼내 보세요. 독서를 바로 강요하기보다 아이가 지금 '제일 좋아하는 것'을 주제로 책을 선택해 보세요.

생활 속에서 자연스레 독서를 즐길 줄 아는 자녀가 되길 바란다면, '독서를 안 하면 어떻게 된다'는 식의 훈계는 바람직하지 않습니다. 대신 책이 많은 곳, 도서관과 서점에 함께 가 보세요. 저는 도서관을 추천합니다. 요즘은 예쁘게 지어진 도서관도 많이 생겼습니다. 이왕이면 멋지게 탈바꿈한 도서관에 가세요. 스포츠를 좋아하는 아이라면 '야구', '축구', '배구', '올림픽' 등과 관련된 책을 모아서 구경하는 시간을 가져 보세요. 또 판타지를 좋아하는 아이면 판타지 소설의 종류를 모아서 관찰하세요. 아이보다 먼저 책을 권하기보다는 느긋하게 아이가 어떤 책을 주의 깊게 보는지, 재미있어 하는지, 아이의 취향과 관심사가 무엇인지 관찰하시기를 바랍니다. 대충 표지만 슬쩍 훑어보는 것 같다고 걱정하지 마세요. 아이들에겐 책이 꽂혀 있는 것을 찬찬히, 자주 살펴보는 시간이 필요합니다. 아이가 자기 관심 분야의 책이 많다는 것을 느끼고, 자기가 알고자하는 것이 책 속에 가득 들었다는 것을 발견하는 경험을 하게 해 주세요. 비슷한 내용인 것 같은데 책마다 어떤 부분이 다른지, 어떤 내용이 더 확장되었는지 그 차이를 발견하는 경험을 느끼게 해 주세요. 그러면 아이들은 자기가 알고자 하는 것이 있을 때 스스로 책속에서 답을 찾는 사람이 됩니다.

요즘 아이들에겐 '당근'도 필요합니다. 아이가 가장 갖고 싶어 하는 것, 좋아하는 것에 관해 대화를 나누어 보세요. 이때 처음부터 큰 보상을 하거나 즉각적인 보상을 하기보다 차곡차곡 모아 원하는 것을 선물하는 것을 추천합니다. '독서 통장' 같은 것도 도움이 됩니다. 아이가 돈을 모아 사고 싶은 게 있다면 책을 1권씩 읽을 때마다 얼마씩 저금하게 하는 거예요. 시간이 걸리긴 하겠지만, 목표 금액에 도달했을 때 아이가 사고 싶은 걸 사 주면 부모님에게도 그리 큰 부담은 아니면서, 아이도 꾸준히 모은 것에 대한 성취감을 느낍니다. 아이가 느낀 성취감이 선순환되어 다시 다른 도전을 하는 것을 보면 당근의 효과를 느낄 수 있지요. 지속적인 선순환이 되는 마중물 역할을 하는 당근이라면 쓰지 않을 이유가 없습니다.

부모님이 좋아하는 것을 함께 하자고 권해 보세요. 아이들은 부모가 어떤 것을 좋아하는지, 싫어하는지 관심도 많고 영향도 많이 받습니다. 부모가 자녀가 어떤 것에 관심이 있는지 알고 싶은 만큼 아이들도 이를테면 부모님이 어떤 배우를 좋아하는지, 어떤 음식을 좋아하는지, 어떤 커피를 좋아하는지 등 부모의 관심사와 취향에 관심이 많답니다. 여기에 슬쩍 책 이야기를 얹어 보세요.

"엄마는 이금이 작가가 너무 좋아, 《알로하, 나의 엄마들》 감동적이더라. 어쩜 그 시대 사람들의 이야기를 실감 나게 풀어내는지 눈물도 나더라. 이금이 작가가 쓰는 책에는 결핍이 있는 인간들을 보는 따뜻한 시선이 있어서 읽고 나면 마음이 촉촉해져."

"요즘 정명섭 작가가 쓴 추리 소설이 인기라던데 꼭 한번 읽어 봐야겠어."

"요즘 청소년이 많이 읽는다는 책을 읽어 봤더니 왜 인기가 있는 지 알겠더라. 시간 가는 줄 몰랐어. 너도 읽어 볼래?"

이렇게 무심코 흘리는 말에 아이들은 호기심을 느낍니다. 그 말 한마디가 주는 힘이 아이를 책의 세계로 풍덩 빠지게 하는 마중물 역할을 해 변화를 끌어냅니다. 이런 변화를 위해서라면 부모가 시 간과 노력을 들일 만하지 않을까요?

# 책에 대한 아이의 의견을 묻는 순간,
## 사고력이 확장된다

### 검사보다는 대화를 위한 질문하기

어떤 아이들은 책을 읽기 시작한 지 얼마 되지 않은 것 같은데 금방 다 읽었다고 합니다. 반면 한 권을 읽더라도 천천히 오래 읽는 아이도 있습니다. 어떤 어머니는 아이가 400쪽 가까이 되는《80일간의 세계일주》를 예상한 시간보다 빨리 읽어, 아이가 분명 건성으로 읽었으리라 의심했다고 합니다.

《80일간의 세계일주》는 프랑스의 소설가 쥘 베른이 쓴 책으로 오랜 시간 사랑받았고, 지금은 고전으로 자리매김한 책입니다. 배경은 영국의 런던, 주인공인 필리어스 포그는 정확성과 합리성을 추구하는 영국 신사예요. 그런 그가 전 재산을 건 내기를 하고는, 새로 고용한 하인 파스파르투와 함께 80일 동안 세계 일주 여행을 떠납니다. 최단 시간 효율적인 동선을 계획했던 80일간의 여행길은 계획한 대로 되진 않습니다. 흥미로운 모험을 하며 그 시기 영국 사람들의 세계관과 미지의 나라에서 겪는 모험을 읽으며 아이들은 그 시대 각 나라의 문화를 짐작할 수 있습니다.

어머니는 아이가 평소에도 책을 빨리 읽었기 때문에 이번에 습관을 고치고자 잔뜩 벼르고 아이에게 퀴즈를 냈다고 합니다. 그런데 아이가 퀴즈 문제를 하나도 빠짐없이 다 맞혀서 준비한 잔소리를 못 해 김이 새 버렸다고 합니다. 거침없이 술술 대답을 잘하는 아이한테 '잘 읽었구나' 하고 칭찬하면서도 어리둥절했다고 해요. 분명 2퍼센트 부족함을 느꼈는데 그 정체를 알 수 없어서요. 그분이 이 아이에게 했다던 질문은 아래와 같았습니다.

"이 책에 등장하는 인물은 누구누구인가요?"

"필리어스 포그가 하인을 바꾼 이유는 무엇인가요?"

"필리어스 포그가 갔던 나라는 어디 어디인가요?"

"필리어스 포그는 왜 내기를 했나요?"

"픽스 형사가 몽골리아 호를 초조하게 기다린 이유는 무엇인가요?"

"픽스 형사는 자신의 직업이 무엇이라고 파스파르투를 속였을까요?"

"사원을 구경하던 파스파르투가 한 행동은 무엇인가요?"

"필리어스 포그가 아우다 부인을 구한 이유는 무엇인가요?"

"필리어스 포그는 결국 내기에서 이겼나요?"

주로 '읽은 내용을 잘 기억했는지' 확인하는 질문들입니다. 《80간의 세계일주》에는 등장인물도 많이 나오고, 사건도 많아 읽은 내용을 기억하기가 쉽지 않은 책입니다. 아이가 읽은 내용을 기억하고, 자기 말로 표현할 수 있었던 것은 매우 훌륭합니다. 하지만 줄거리를 잘 기억하고 내용 파악을 잘했다고 책을 완전히 이해했다고 보기는 어렵습니다.

아이에게 이런 질문을 했다면 어땠을까요?

"이 장면에서 필리어스 포그가 위험을 무릅쓰고 파스파르투를 구하러 갔어. 이런 행동을 한 필리어스 포그는 어떤 가치관을 가진 사람일까?"

"필리어스 포그는 파스파르투가 켜고 간 가스비를 물게 했지만, 세계 일주하

는 동안에는 큰 비용을 치르면서 이동 수단을 구해. 여기에 대해 어떻게 생각
하니?"

"파스파르투는 처음에 생각했던 일과 매우 다른 일을 했는데 과연 만족했
을까?"


아이는 금방 대답하기보다, 생각할 시간을 가지지 않았을까요?

책을 어떻게 읽었는지, '깊이 읽기'를 했는지 확인할 수 있는 질
문을 알려 드릴게요.


첫째, 인물, 배경, 사건을 파악하고 있는가?

둘째, 주제를 한 문장으로 똑떨어지거나 세련되지 않더라도 몇 개의 핵심 단
어로라도 표현할 수 있는가?

셋째, 줄거리를 이야기의 지엽적인 부분이 아닌 큰 줄기, 즉 중심 사건 위주로
말할 수 있는가?

넷째, 자신의 기존 경험, 배경지식과 연관 지을 수 있는가?

다섯째, 표면적인 이해가 아닌 추론을 해낼 수 있는가?

여섯째, 작가는 이 이야기를 통해 무엇을 전하려고 했을까?

책을 읽고 나면 내용에 대한 파악을 잘했는지 확인하는 과정은 기본이에요. 학교 수업 시간에 나오는 교과서 지문을 읽고 나서도 잘 읽었는지 확인하는 내용 파악 질문이 꼭 나옵니다. 내용을 파악할 때 인물, 배경, 사건을 잘 이해하고 있는지를 확인합니다. 단순해 보이는 이 과정에서도 '내가 뭘 읽었더라?' 하는 아이들도 있어요.

"이 책에 등장하는 인물들은 누구누구인가요?

"이 책의 배경은 언제, 어느 나라일까요?"

"필리어스 포그는 클럽 사람들과 어떤 내기를 했나요?"

"픽스 형사가 필리어스 포그를 뒤쫓는 이유는 무엇인가요?"

책을 다 읽은 후, 이 책이 어떤 주제를 이야기하고 있는지 한 문장으로 말할 수 있는지를 확인해 보세요. 세련된 문장으로 말하지 못하더라도, 아이가 자기 나름대로 주제를 말할 수 있는지를 확인해 보는 겁니다.

"저는 필리어스 포그 씨가 예상대로 되지 않는 위기에도 포기하지 않고 끝까지 여행을 마친 것을 보며 포기하지 않으면 이룰 수 있다고 생각했습니다."

"저는 필리어스 포그와 파스파르투가 협동해서 위기를 헤쳐 가는 모습에서 '함께 힘을 모으면 힘든 여행도 해낼 수 있다'고 생각했습니다."

"저는 필리어스 포그가 위기의 순간에도 사람을 먼저 생각하는 태도를 보며 '인권이 중요하다'고 생각했습니다."

"저는 필리어스 포그가 과학의 발전을 믿고 전 재산을 걸고 모험을 떠나는 것이 인상 깊었습니다. 책의 주제를 '합리적인 생각을 하자'로 생각했습니다."

아이들이 말하는 주제를 보며 저는 깜짝 놀랐습니다. 자기 나름의 논리를 가지고 주제를 생각해 내는 것이 매우 감동적이었거든요.

다음은 줄거리를 요약하여 말할 수 있는지도 확인해 보세요. 아이들이 두꺼운 책 한 권을 요약하여 말하기는 매우 어렵습니다. 작은 부분은 빼고 큰 줄기 중심으로 요약하여 말하는지를 확인해 보세요.

영국의 런던, 주인공인 필리어스 포그는 클럽 사람들과 80일 동안 세계 일주 여행을 마칠 수 있다고 내기를 하고 하인 파스파르투와 함께 여행을 떠납니다. 하지만 두 사람의 여행은 처음 계획했던 대로 흘러가지 않습니다. 필리어스 포그를 은행을 턴 도둑으로 오해한 픽스 형사가 이들을 뒤쫓으며 여행을 방해합니다. 필리어스 포그는 인도를 지나며 목숨을 잃을 뻔한 아우다 부인을 구하고 함께 홍콩, 일본, 미국으로 모험을 합니다. 어렵게 영국에 도착한 이들은 처음에는 80일을 넘겨 도착한 줄 알고 내기에 진 것으로 알았지만, 날짜 변경을 착각한 것을 알고 클럽 사람들에게 여행이 성공한 걸 알립니다.

책을 읽고 '나'와 연결 지어 생각하는 것은 매우 중요한 자기 성찰의 과정입니다. 아이가 자신의 경험과 배경지식을 연결하여 책을 파악할 수 있는지도 확인해 보세요. 책을 읽고 표면적인 내용, 문장의 흐름만 이해하고 있는건 아닌지 살펴보세요. 글로는 명확하게 제시되어 있지 않지만, 글에 숨겨진 비유와 상징을 이해하며 읽고 있는지도 확인해야 합니다.

"저는 필리어스 포그처럼 지구를 한 바퀴 도는 데 80일이 걸린다는 걸 믿는다고 해서 전 재산을 걸고 내기를 하면서까지 제 주장이 옳다는 걸 입증하려고 하지 않았을 거 같습니다. 그것이 진실이면 제가 아니어도 언젠가는 밝혀졌을 거 같아요."
"저는 필리어스 포그와 파스파르투가 갔던 홍콩과 일본의 풍경이 인상적이었습니다. 서양 사람들의 눈에는 동양이 새롭게 보였겠구나 했습니다. 서양 사람들은 동양을 신기하게 느꼈던 거 같습니다."

"저는 필리어스 포그와 파스파르투가 아우다 부인을 구하는 장면이 기억에 남습니다. 그 당시 인도의 풍습이 이해하기 어려웠어요. 기사를 찾아보니 아직도 여성에게 남성과 다른 관습이 적용되는 나라들이 있는 걸 알았어요. 좀 슬펐어요."

글을 쓴 작가의 의도도 물어보세요. 작가가 이 이야기를 통해 말하고 싶은 것이 무엇인지 생각할 수 있다면 책을 깊이 읽었다고, 감상을 잘했다고 말할 수 있을 겁니다.

"사람들에게 세상에는 영국과 다른 문화를 가진 많은 나라들이 많다는 것을 알려 주려 한 거 같습니다. 필리어스 포그 씨가 가는 나라들이 영국과 멀리 떨어진 곳이니 사람들에게 신기했을 거 같습니다."

"지금은 80일보다 더 빨리 세계 일주를 할 수 있는데 80일 만에 세계 일주하는 걸 못 믿어 내기까지 하는 걸 보며, 영국의 과학 기술이 이 정도다, 하고 알리려고 한 거 같습니다. 지금은 지구 한 바퀴 도는데 며칠 걸리지도 않을 거같은데, 과학 기술이 얼마나 발전했는지 느껴졌습니다. 쥘 베른 작가를 만나면 작가님의 상상이 현실이 된 지 오래라는 걸 알려 주고 싶어요."

"저는 작가님이 미래 사회가 얼마나 발전할지 기대하면서 이 책을 쓴 거 같아요. 더 발전하기를 바라면서요. 또, 영국 사람들에게 세계가 얼마나 다양하고 넓은지 알려 주고 싶었을 거 같습니다."

아이들의 감상을 읽으며, 책을 깊이 읽는다는 것이 얼마나 필요한지 다시금 느꼈습니다. 책 한 권 읽었을 뿐인데 질문 속에서 자기만의 논리로 답을 찾아 가는 모습이 얼마나 아름다워 보였는지 모른답니다.

비문학 책을 읽을 때도 책에 등장하는 전문 용어와 지식을 접하고 기억을 잘하는 것도 중요하지만, 책 속에서 지식을 나열한 구조와 이 지식이 지금의 나와 사회에 어떤 연관이 있는지 자신만의 생각 정리가 될 때 비로소 깊이 읽기를 잘했다고 할 수 있습니다.

지금까지 아이가 책을 잘 읽었는지 어떻게 확인하는지 감을 잡으셨나요? 이처럼 '질문하기'를 유용하게 활용할 수 있습니다. 정확히는 질문을 이용한 '책 대화'입니다. 내용 확인만 하는 질문이 아니라, 내용 그 너머 깊이 읽도록 도와주는 질문을 하며 책 대화를 하는 것입니다. 내용 확인 외에도 나눌 수 있는 질문은 무궁무진합니다. 질문을 듣고, '어떻게 말하지?'를 준비하며 생각도 깊어집니다. 질문자를 어른, 대답하는 사람을 아이로 역할을 고정하지 않아도 됩니다. 서로가 질문자이자 대답하는 사람이 될 수 있습니다. 질문을 통해 아이가 깊이 읽었는지 확인할 수 있으며, 깊이 읽도록 끌어 줄 수 있습니다. 질문을 이용한 책 대화를 해 보시길 바랍니다.

## 3부

# 처음부터
# 책을 싫어하는 아이는
# 없습니다

# 하루 20분으로
## 책에 빠지다

## 고학년에게도 통하는 책 읽어 주기의 위력

1교시 수업 시작 전 20분 동안 초등학교의 각 교실에서 주로 하는 아침 활동은 독서입니다. 아침 독서는 5~6학년 아이들에게 특히 유익합니다. 고학년 학생들은 책을 읽을 물리적인 시간이 부족하기에 아이들에게 독서 시간을 제공하기에도 좋고, 독서를 통해 하루를 조용하고 차분하게 시작할 수 있기 때문이지요. 그래서 학기 초 6학년 아이들과 아침 독서를 하기로 마음먹었습니다. 먼저 아이들이 각자 집에서 준비해 온 책으로 아침마다 독서를 시작했는데요. 딱 일주일 해 보고 이건 아니다 싶어 바로 접었습니다. 왜냐하면 많은 아이가 읽을 책을 준비해 오지 않거나 마지못해 어릴 때 사두었던 책 또는 저학년이 읽기에 적합한 책을 가져왔기 때문이에요. 이런 학생들은 책만 붙잡고 있을 뿐 책을 읽지 않습니다. 책을 읽고자 하는 마음이 없으니까요. 결국 아침 20분이라는 귀한 시간을 허비하고 맙니다. 물론 재미있게 책을 읽는 친구들도 있습니다. 이 친구들은 20분이 지나 1교시가 시작되었음에도 이야기의 흐름을 끊기 싫어 책을 덮지 못하고 끝까지 책을 읽고 말지요. 부모님이 생각하는 우리 자녀의 독서 실태, 어느 쪽에 더 가깝습니까?

학급 아이들의 독서 습관과 수준을 마주하며 깨달은 점은 '고학년이 되었지만 아직 독서의 경험은 저학년에 머물러 있는 친구들이 많구나. 독서의 재미도, 독서 습관도 잃어버린 친구들이 많구나! 이대로 가다간 아이들이 독서에 손을 놓을 수도 있겠다. 독서의 재미를 끌어올려 줘야겠다'였어요. 집 나간 독서의 재미를 찾는 방법은 그리 어렵지 않았습니다. 읽으라고 말만 하지 않고 직접 매일 아침 20분씩 책 읽어 주기. 그게 전부였답니다.

초등 저학년 때까지만 해도 아이에게 책 읽어 주는 모습이 어색한 그림은 아니에요. 그런데 아이들이 스스로 책을 읽을 수 있게 된 후에는 책만 쥐어 주고 손을 놓는 경우가 많습니다. 교실에서도 초등 중학년까지는 책 읽어 주는 게 꽤 일상적인 그림이었는데요. 6학년은 좀 망설여졌습니다.

'6학년 아이들에게 책을 읽어 주는 게 통할까?', '실감나게 읽어 줄 자신은 있는데 어린애도 아니고 책 읽어 주는 걸 쑥스러워하거나 거부하면 어쩌지?' 하는 고민도 되었어요. 그래서 한번 해 보고 반응이 안 좋으면 다른 방법을 생각해 보자는 마음으로 시작했지요. 첫 단추를 잘 끼우는 게 중요했기에, 함께 읽을 첫 책을 고르는 일은 매우 중요했는데요. 고민 끝에 고른 책은 《몬스터 차일드》였습니다.

이 책을 선정한 이유는 6학년을 시작하는 처음, 누구보다 나 자신 그대로를 받아들이고 사랑했으면 했고 타인을 선입견 없이 받아들이는 마음을 가졌으면 했기 때문이에요. 그리고 무엇보다도, 내용이 정말 재미있기 때문에 주저 없이 선택했어요.

이야기의 주인공인 6학년 여학생 오하늬는 덩치가 커지고 외형이 야생동물처럼 변하는 신체 변이를 일으키는 'MCS 증후군'을 갖고 있어요. 이런 설정 자체가 판타지 소설 같은 느낌을 줘 아이들을 사로잡습니다. 자신이 MCS 증후군인 걸 감추며 살아온 하늬는 반대로 자신의 MCS 증후군을 숨기지 않고 당당하게 드러내며 사람들의 편견에 맞서는 연우를 만나게 되는데요. 하늬는 연우를 통해 괴물 같다고 여기던 변이 후의 모습도 그냥 '나'라는 것을 받아들이며 나를 사랑하게 되고, 편견에 맞서 싸울 힘을 얻게 됩니다. 《몬스터 차일드》는 이러한 하늬와 연우의 성장 과정 속에 우리 아이들에게 전달하고픈 메시지들을 담고 있어 청소년기 아이들에게 추천할 만한 책이랍니다.

아이들에게 처음 이 책을 읽어준 날 저는 속으로 외쳤습니다.

'성공이다!'

처음에는 반신반의하는 눈빛을 보내던 아이들도, 딴짓하던 아이들도 책의 서사가 흥미진진하게 이어질수록 책에 흠뻑 빠져들고 있다는 것을 느낄 수 있었거든요. 1교시 전 아침 시간 20분의 시간 제한 때문에 "오늘은 여기까지!"를 외치며 읽던 책을 탁 덮을 때 아쉬워하는 아이들의 반응이 마구 쏟아져 나왔고, 그때마다 희열을 느꼈지요.

그리고 얼마 후 학교 도서관에서 저희 반 남학생이 다가와 도서관에 《몬스터 차일드》가 없는지 묻더라고요. 그동안 학습 만화를 주로 읽던 아이였습니다. 아쉽게도 도서관에 1권 있는 책을 대출해서 읽어 주는 바람에 그 친구는 책을 빌릴 수 없었고 끝까지 다 읽어 준 후 다시 읽어 보겠다고 책을 가져갔습니다.

아이들이 이 책에 흠뻑 빠졌고, 평소에 책을 안 좋아하던 친구가 뒷이야기가 궁금해 스스로 읽어 보겠다는 생각을 가진 것만으로도 목표를 달성했습니다. 그리고 또 한가지를 알게 되었죠.

'아! 아이들이 책을 읽기 싫어서 안 읽는 게 아니라 재미있는 책을 못 찾아서 그런 거구나! 독서를 스스로 시작하지 못해서 그런 거구나!'

《몬스터 차일드》의 마지막 장면을 읽어 주었을 때 아이들이 감동에 겨워 박수를 치던 기억은 아직도 생생합니다. 학부모 상담 때 많은 부모님으로부터 "아이가 선생님이 읽어 주신 책을 너무 좋아했어요"라는 감사 인사도 많이 들었답니다.

그 이후로도 매달 꾸준히 다양한 책을 아이들에게 읽어 주고 있습니다. 제가 책을 읽고 나면 뒷이야기가 궁금해 저 몰래 책의 결말이 담긴 삽화를 슬쩍 보거나 결말만이라도 알려 달라고 조르는 친구들이 많은데요. 이런 모습들을 보면 아이들이 책 읽는 재미를 찾은 것 같아 뿌듯합니다.

아침에 책 20분 읽어 주기. 작은 시작이었지만 이 '책 읽어 주기'
의 힘으로 아이들은 책을 재미있게 읽어 나가기 시작했습니다. 아
이가 책을 좋아하는 독서가로 자라길 원한다면 책 읽으라고 얘기하
기보다는, 그저 책을 던져 주기보다는, 책을 함께 읽어 주세요.


## 이야기를 싫어하는 아이는 없다

책을 읽기 싫어하는 아이는 있더라도 이야기를 싫어하는 아이는
없다고 확신합니다. 이야기 속에는 등장인물과 사건이 있습니다.
듣기만 해도 흥미진진한 이야기가 많지요. 다만, 내가 스스로 책을
읽기 위해 마음을 먹고 자리에 앉아 집중하여 글을 읽고 해독하는
과정이 매우 번거롭고 귀찮거나 어려운 거겠지요. 게다가 책의 시
작에는 본격적인 사건이 나오지 않습니다. 책의 초반부는 대부분
이야기의 배경이나 등장인물을 설명해야 하므로 지루하기도 합니
다. 하지만 이 첫 부분만 넘기고 본격적인 사건이 진행되는 부분으
로 넘어가면 아이들은 책에 푹 빠지게 됩니다.

전 세계 아이들의 사랑을 받은 조앤 롤링Joanne Rowling의《해리
포터》시리즈는 주인공 해리 포터와 함께 떠나는 신나는 마법 학
교 이야기죠. 그런데 이 책도 1권의 약 30쪽까지는 등장인물 소개
와 배경 설명이 주를 이룹니다. 대작의 스케일에 걸맞게 다양한 등
장인물들이 각자의 비밀을 안고 처음 등장하기에 초반에는 이해하
기가 쉽지 않아요. 그래서 막상 책을 읽으려다 금세 지쳐 포기하거
나 아예 엄두를 내지 못하는 경우도 많습니다. 하지만 이 부분만 넘
기면 해리 포터와 친구들이 마법 학교에서 펼치는 흥미진진한 모험
이야기에 아이들이 푹 빠지게 됩니다.

아직 독서에 능숙하지 않은 학생들은 시작을 도와줘야 해요. 그
림책은 짧고 두께가 얇기에 처음부터 이야기의 서사가 진행되고 삽
화 덕분에 아이들이 이해하기도 쉽습니다. 하지만 5~6학년 친구들
이 읽을 책들은 서사가 길기에 이야기의 시작 부분을 읽으며 배경
을 머릿속으로 그려 나가는 상상을 할 수 있어야 합니다. 그런데 이
부분에서 막히게 되면 좌절하여 책을 덮어 버리고 말지요. 처음만
잘 읽으면 그 뒤부터는 부스터를 달고 쭉쭉 읽어 나가게 될 겁니다.
그러니 책을 싫어하거나 어려워하는 친구들이 있다면, 더도 말고

책의 앞부분만 읽어 주세요. 초등 고학년인데 책 읽어 주는 게 낯간 지럽다고 생각하지 않아도 됩니다. 이 세상에서 가장 사랑하는 부모님이 읽어 주는 이야기라면 언제든 두 팔 벌려 환영일 테니까요. 처음만 힘들 뿐이에요. 그다음은 뒷이야기가 궁금해 스스로 읽게 될 거예요.

# '함께 읽기'의
## 강력한 힘

## 함께 깊이 읽기 1단계: 읽어 주기

앞서 이야기했던 것처럼 아이가 책을 읽기 시작하면 절반은 성공입니다. 문제는 그게 쉽지 않다는 거죠. 요즘은 조금만 눈을 돌려도 각종 영상, 게임 등이 아이들의 시선을 사로잡는 세상입니다. 머리 써 가며 글자를 읽고 뜻을 유추해 내는 고차원적인 사고가 필요한 독서를 아이들이 자발적으로 하기를 당연하게 기대해서는 안 됩니다.

그럼 아이들이 다시 책을 읽게 만드는 방법은 뭘까요? 그 시작은 결국 읽어 주기입니다. 아이들이 어릴 때 품에 안고 책을 읽어 주던 것처럼, 그냥 읽어 주는 게 시작입니다. 우리 아이에게 책을 읽어 주기 가장 좋은 때를 추천한다면 바로 잠자기 전일 것입니다. 영어로 '베드 타임 스토리'라는 말이 있을 정도로 잠자기 전 독서는 전 세계적으로 보편적인 독서법입니다. 모든 긴장을 털어 내고 이완된 상태에서 자연스럽게 책을 읽음으로써 책을 통해 부모와 자녀가 교감할 수 있는 좋은 기회이지요.

이제 덩치가 부모님만큼 커진 5~6학년 자녀에게 책을 읽어 주는 게 쑥스러울 수 있어요. 하지만 꾹 참고 일단 시작해 보세요. 아이도 그 시간을 아주 좋아할 거예요. 잠자기 전 책 읽어 주기를 독서의 마중물 타임으로 이용하는 것도 좋습니다. 아이들이 선뜻 읽기에는 재미없어 보이지만 막상 읽어 보면 이야기가 흥미진진하고 생각할 거리를 주는 책들을 골라서 주로 읽어 주지요. 대표적으로 세계 고전 문학인데요. 고전은 수많은 시간의 무게를 견뎌 내며 사람들에게 사랑받고 영향을 준 양서입니다.


《피터 팬》,《오즈의 마법사》,《걸리버 여행기》 등의 이야기가 어떤 내용인지 대략적으로는 많은 친구들이 알고 있을 거예요. 아마 아이들은 이런 고전 문학을 어렸을 때 세계 명작 동화 시리즈로 읽으면서 접했을 것입니다. 그렇기에 고전 문학 작품의 등장인물이나 이야기의 큰 흐름은 알겠지요. 하지만 긴 서사를 짧게 간추린 동화책으로 읽었다고 해서 고전 문학을 깊이 있게 이해했다고 말할 수는 없습니다. 대략적인 내용은 알지만 줄거리 사이사이의 사건들이 얼마나 치밀하고 촘촘하게 얽혀 있는지는 파악하지 못해요. 또한 이야기의 배경, 작가가 문학 작품을 통해 독자에게 전하고자하는 가치 등을 다 이해하지는 못합니다.

세계 고전 문학에는 탄탄한 구성, 사건을 대하는 등장인물들의 생각의 흐름과 치열한 고뇌가 담겨 있어요. 그 덕분에 독자들이 공감 또는 비판적 사고를 하게끔 하지요. 또한 군데군데 쓰인 수준 높은 어휘나 표현을 만나게 되기도 합니다. 그렇기에 초등 고학년에는 세계 고전 문학 읽기를 추천합니다.

아이와 《80일간의 세계일주》를 잠자기 전에 함께 읽은 적이 있습니다. 그것도 완역본, 즉 원서의 전체를 처음부터 끝까지 다 번역하여 간행한 책으로 총 408쪽이나 되는 두꺼운 책이었어요. 어른도 마음먹고 접근해야 하는 두꺼운 책이었지요. 이걸 잠자기 전 아이와 찬찬히 읽어 보았습니다. 처음에는 아이도 이 책에 시큰둥했어요. 책의 시작은 이야기의 배경과 등장인물을 소개하는 부분인데요. 고전 문학의 배경이 아무래도 현재와는 다르기에 이를 이해하기도 쉽지 않았을 것이고 정제된 어휘들이 딱딱하고 지루하게 느껴졌을 거예요. 그런데 사건이 전개되면서 포그 일행과 픽스 형사의 쫓고 쫓기는 모습들이 긴박하게 그려지는 부분을 읽으니 아이는 뒷이야기가 궁금해 참을 수 없어 하더라고요. 결국에는 책의 4분의 1을 같이 읽고 그 후는 아이 스스로 혼자 읽어 나갔어요. 엄마가 책을 읽어 주는 밤까지 기다리기가 힘들었던 거지요. 그렇게 400쪽 넘는 책을 후루룩 읽어 버리고는 너무 재미있어서 비슷한 이야기가 담긴 책들을 더 읽었답니다.

사실 저희 아이는 문학을 왜 읽어야 하는지 종종 의구심을 품었습니다. 문학 독서가 지식을 쌓는 데 도움이 되지도 않고 그리 재미있게 느껴지지 않는다는 이유였지요. 하지만 이 책을 읽고 나서 아이는 문학의 참 재미를 느끼고 독서에 깊은 흥미를 가지게 되었답니다. 아마 아이에게 혼자 이 책을 읽으라고 던져 주었다면 아이는 지루하다며 포기했을 거예요. 하지만 함께 읽어 주는 별거 아닌 행위가 결국에는 독서의 견인차 역할을 톡톡히 한 셈이지요.

그러니 어색함이나 낯간지러움은 잠시 모른 척하고 우리 아이들이 어릴 때로 돌아간다고 생각해 보세요. 그리고 찬찬히 책을 읽어주세요. 아이뿐만 아니라 부모님에게도 책을 매개로 아이와 교감하는 귀한 시간이 될 겁니다.

책 읽어 주는 게 좋은 건 알지만 여건상 힘든 학부모님도 계실 겁니다. 그럴 때는 오디오북을 활용하는 것도 좋은 방법이에요. 오디오북은 차량으로 이동할 때나 틈새 시간을 이용하면 좋은데요. 아이들의 긴장이 이완된 상태에서 이야기 듣듯 책을 읽을 수 있으므로 책을 좋아하지 않는 친구들에게 추천해요.

무료로 이용할 수 있는 팟캐스트 〈1013을 위한 책읽기〉를 추천해요. 그 외에도 유료이지만 내가 읽고자 하는 책을 읽어 주는 오디오북 앱은 시중에 많답니다. 각자의 상황에 맞게 이용하면 됩니다.

책을 빠른 속도로 읽는 친구들에게 읽어 주기는 자칫 답답하게 느껴질 수도 있습니다. 자신의 속도대로 빠르게 읽고 싶은데 오디오의 속도에 맞춰 읽어야 하니까요. 그렇기에 오디오북은 단독으로 활용하기보다는 읽어 주기의 일환으로 책을 접하는 마중물이라고 생각하는 편이 좋겠습니다.

오디오북의 정형화된 목소리를 안 좋아하는 친구들도 있습니다. 또한 오디오북도 긴 시간 집중해서 들어야 하다 보니 듣기도 전에 거부감을 보이는 경우도 있지요. 이럴 때는 라디오 사연만 모아서 들려주는 것도 좋은 방법이에요. 이야기 듣기에 흥미를 가지게 되면 오디오북 듣기에 대한 거부감도 줄어든답니다.

마지막으로 북 트레일러 영상도 추천합니다. 북 트레일러란 새롭게 출간된 책을 소개하는 동영상인데요. 한마디로 책의 예고편이라고 생각하면 됩니다. 책의 주제나 캐릭터 등을 재미있게 소개해 독자들이 책에 흥미를 느껴 구매하도록 하는 데 목적이 있거든요. 따뜻한 음성, 인상적인 문구, 분위기 있는 음악이 어우러져 책에 대한 흥미를 불러일으키는 데 적격이랍니다.

오디오북 추천 리스트

| 1013을 위한 책읽기 | 팟캐스트의 프로그램 중 하나로 초등 중, 고학년 학생들이 읽기 좋은 책을 직접 녹음해서 들려줍니다. |
|---|---|
| 윌라, 밀리의 서재 | 오디오북 앱으로 유료 서비스이며 정액권을 구매하여 다양한 오디오북을 청취할 수 있습니다. |
| 도서관 오디오북 | 각 도서관에서 전자도서관을 이용한 오디오북 서비스를 제공합니다. 지역 도서관을 검색해서 확인해 보세요. |
| 스토리텔 | 아동용 한글책 및 영어 원서를 다량 보유하고 있습니다. |

## 함께 깊이 읽기 2단계: 이야기 나누기

1단계로 책을 재미있게 읽기 시작했다면, 이제는 책 내용을 깊이 있게 이해하는 과정이 필요합니다. 책은 문장으로 이루어진 글의 덩어리지만 이 글은 읽는 사람의 배경지식, 생각, 관점, 가치관 등에 따라 다양하게 해석될 수 있으며 해석의 깊이도 모두 다릅니다. 그렇기에 단순히 책을 혼자 읽고 끝내는 것이 아니라 읽고 난 후 책에 대한 이야기를 하는 것만으로도 책을 깊이 있게 이해하는 데 도움이 되지요. 한때 유행했던 '슬로리딩'도 결국에는 이와 궤를 같이합니다. 책을 읽고 책의 주제를 놓고 토론하거나 책과 관련된 다양한 질문을 주고받는 활동들은 책을 매개로 독자들의 생각을 이야기하게 하는데요. 이러한 과정들은 책을 깊이 읽는 방법이 될 수 있습니다.

학급 아이들과 함께 책을 읽고 난 후 간단하게 책에 대해서 질문하고 이야기를 나누는 활동도 하는데요. 이 과정을 통해서 아이들이 같은 책을 읽었지만 각자의 관점에 따라 다르게 이해하고 해석함을 알 수 있었어요.

6월에는 남북통일을 주제로 한윤섭 작가의 《봉주르 뚜르》라는 책을 읽었습니다. 이 책은 프랑스의 작은 시골 마을 뚜르에서 만난 대한민국인 봉주와 조선민주주의인민공화국의 토시가 짧지만 강렬하게 우정을 나누는 이야기입니다. 《봉주르 뚜르》의 큰 줄거리는 봉주와 토시의 우정 이야기가 주를 이루지만 그 이면에는 남북 분단의 비극이 숨어 있으며 궁극에는 민족의 정의를 다시 한번 생각해 보게 합니다.

 이 책을 고를 때에는 '남북통일', '민족'이라는 명확한 주제를 염두에 두었었고 학생들이 이 책을 읽으며 이 두 가지에 관해 고민해 보는 시간을 갖길 바랐습니다. 하지만 학생들은 국가, 체제보다는 두 친구의 우정, 친구라는 단어와 주제에 집중했습니다. 어찌 보면 당연합니다. 지금 학생들에게 남북 분단은 너무 먼 이야기거든요. 이산가족에 대해 접해 보지 않았고 북한이라는 나라를 접할 길도 없지요. 그렇기에 아이들은 자신과 비슷한 또래 아이들의 우정에 초점을 맞춘 것입니다.

 그래서 책을 읽은 후 토시네 가족이 왜 북한인임을 숨기고 일본인인 척하며 지내야 했는지, 자신의 정체를 들키자마자 소리 소문 없이 마을을 떠나야 했는지를 학급 아이들과 이야기 나누며 북한이라는 나라의 체제에 대해 생각해 보았습니다. 또한 더 나아가 토시, 즉 북한인이 우리 민족인지에 대해서도 진지한 토론을 했습니다. 많은 친구들이 토시와 봉주의 우정을 아름답게 생각하고 토시의 사정을 안타까워하면서도 막상 북한이라는 나라는 우리가 아닌 별개의 국가라고 선 긋는 모습을 보면서 다시 한번 통일에 대해서 많은 이야기를 나누기도 했습니다.

아이들은 이 책을 통해 친구와의 우정, 더 나아가 민족, 통일에 대해서도 진지하게 생각해 보는 기회를 가졌습니다. 책 한 권으로 다양한 내용에 대해 생각해 보고 그 생각을 친구들과 나누면서 책의 주제와 의도에 대해서 더욱 깊게 이해하고 각자의 생각을 더욱 확장해 나갔지요.


이렇듯 책 한 권으로 우리는 다양한 주제에 관해 이야기하고 생각을 나눌 수 있습니다. 아마 책을 혼자 읽고 넘어갔다면 그 책은 내 경험의 폭만큼의 생각과 느낌으로만 남았을 거예요. 하지만 다른 사람과 생각을 나누고 이야기하면서 다양한 생각을 받아들이며 책을 더욱 깊게 이해할 수 있답니다.

이는 학급에서 교사와 함께하기 좋은 활동이지만 부모님과 아이

가 이야기를 나누는 것부터 시작해도 좋고 비슷한 또래의 아이들이
생각을 나누어도 좋습니다.

# 친구와 어울리기 좋아하는 아이라면
## 독서 동아리

## 독서 동아리 만드는 방법: 먼저 손 내밀기

여기까지 읽으신 부모님은 이런 생각을 하실 겁니다.

'질문도 좋고, 토의도 좋아요. 그런데 저와 아이가 둘만 하기에는 너무 어색해요!'

그럴 때 필요한 것이 함께 읽는 책 친구입니다. 고학년이 될수록 또래와의 관계가 가족보다 먼저입니다. 사춘기를 목전에 두고 있는 고학년 아이들이 책을 읽고 난 후 친구, 학교, 이성 관계 등 내 삶과 연결된 이야기를 부모님 앞에서 꺼내는 게 쉽지는 않습니다. 그렇기에 우리 아이와 마음 맞는 친구들이 함께 모이는 독서 동아리를 만드는 걸 추천합니다.

마음 맞는 독서 동아리 친구들을 만나는 방법은 생각보다 다양합니다. 아이와 친하게 지내는 친구들과 무리를 이뤄도 좋고요. 마음 맞는 어머님들과 팀을 이뤄도 좋습니다. 아이들은 생각보다 금방 친해지니까요. 그리고 혹시 주변에 마음 맞는 어머님이나 아이들을 만날 수 없다면 '맘 카페'와 같은 지역 온라인 커뮤니티를 이용해도 좋습니다.

저는 온라인 커뮤니티에서 마음 맞는 또래 엄마들을 만나 독서 동아리를 이어 온 지 1년이 넘었는데요. 지금은 아이들끼리도 서로 친해졌고 엄마들끼리도 서로 고민을 나누는 사이가 되었답니다. 단지 독서 동아리를 위한 만남이었지만 함께 시간을 나누는 돈독한 지기가 되었지요.

새로운 모임을 만드는 데 용기가 필요할 수 있어요. 하지만 우리 아이 책 친구를 만들어 준다는 마음으로 먼저 손 내밀어 보세요. 그리고 독서 동아리를 운영하는 데 너무 큰 부담을 갖지 마세요. 독서 동아리 활동을 통해 무언가 대단한 걸 해야 한다는 생각, 독서 동아리 활동은 선생님들만 할 수 있을 거라는 마음은 버리셔도 좋습니다. 그저 아이들이 책을 읽고 이야기 나누는 시간이라고 생각하고 가볍게 출발해도 좋아요.

관련된 사례를 잠깐 이야기해 볼게요. 지인의 아이가 친구 관계에 매우 소극적이고, 학교에서 발표를 전혀 하지 않아 아이의 엄마도 걱정을 많이 했어요. 독서 동아리를 만들어야겠다 결심하고 연락을 하려고 보니 아이도 친구 연락처가 없고 워킹 맘이라 같은 동네 아이 친구 엄마들 연락처도 없었다고 해요. 그래도 목마른 사람이 우물을 판다고 오래전 아이가 유치원 다닐 때 친구 연락처가 하나 있어 연락을 해 보았고, 그 친구의 친구까지 셋이서 온라인 독서 동아리를 시작했다고 해요. 아이가 낯을 가리고 친구 관계에 소극적이어서 말을 할까 걱정했는데, 소규모의 모임에, 정답이 아니라 아이의 마음과 상상에 관해 묻고 답하다 보니 아이가 적극적으로 참여했다고 합니다. 친구들의 시선에 부끄러움을 느끼고 정답이 아닐까 봐 걱정해서 발표에도 소극적이었던 아이가 독서 동아리를 통해 자신감도 생겼다고 해요.

저희 아이와 함께하는 독서 동아리 어머님들도 사정상 그만두려고 하셨는데요. 하지만 독서 동아리 활동의 장점이 많고 아이들의 점진적인 변화가 눈에 보였기에 계속 모임을 이어 나가고 있습니다.

"독서 동아리 활동하면서 꾸준히 책을 읽고 이야기 나누고 글을 쓰니까 알게 모르게 독해 능력, 글 쓰는 능력이 쌓인 것 같아요."

"시간 내기 힘들어 이번까지만 하고 독서 동아리 활동을 그만두려고 했는데요. 이번에 함께 읽었던 《레미제라블》 내용을 아이가 이해하기 어려워할 것 같아서 같이 읽어 주었더니 아이가 너무 좋아하더라고요. 생각해 보니까 저도 바빠서 아이에게 따로 책 읽어 주며 대화를 나눈 지 오래되었던 것 같아요. 독서 동아리 그만두면 이렇게 책 읽어 주기도 쉽지 않을 것 같아요. 그래서 좀 힘들긴 하지만 계속 함께하려고요."

아이가 커 갈수록 공유할 수 있는 대화 주제도 줄어들고 대화의 시간과 횟수도 잦아들지요. 그런데 독서 동아리 덕분에 우리 아이, 친구들과 함께 이야기하는 기회를 꾸준히 가질 수 있게 되어 사춘기 부모 자녀 간에도 의미 있는 시간이 될 거라 자신합니다.

나 혼자서 하기 막막한 책 나눔을 함께하는 친구들이 있기에, 일단 용기를 내 독서 동아리 활동을 시작한다면 분명 책을 통해 많은 배움을 얻게 될 거예요.

독서 동아리 친구 찾기가 힘들거나 망설여지시는 분들은 주변의 다양한 책 모임에 참여하는 것도 좋은 방법입니다. 요즘은 출판사에서 어린이 북클럽을 운영하기도 하고 인스타그램이나 블로그, 카페 등을 찾아보면 책 읽기로 참여할 수 있는 챌린지나 클럽들이 제법 많습니다. 조금만 손품을 팔면 같은 책을 읽고 이야기 나누는 경험을 할 수 있는 다양한 방법이 있어요.

아프리카 속담에 이런 말이 있습니다.

"빨리 가려면 혼자 가고, 멀리 가려면 함께 가라."

멀리 가려면 사막을 지나고 짐승도 피해야 하는데, 길동무 없이는 불가능하다는 뜻이죠. 우리 아이들의 꾸준한 독서 여행을 위한 책 친구 찾기, 지금 바로 도전해 보세요.

## 독서 동아리 운영 방법

### 1) 일정 정하기

함께할 책 친구들을 만났다면, 먼저 1~2주에 1회 정도 아이들의 일정을 조정하여 정기적으로 만날 시간과 장소를 정합니다. 고학년이라면 친구들과 엄마들이 시간을 정해서 모임을 꾸준히 이어 나간다는 게 굉장히 힘든 일입니다. 왜냐하면 각자 학원, 활동 등으로 바쁠 테니까요. 그렇다면 방법의 변화를 꾀하는 것도 좋습니다. 대면으로 만나서 이야기하는 것도 좋지만 줌, 웨일 등 온라인 화상 회의 사이트를 이용하는 것도 추천합니다. 확실히 시공간의 제약이 줄어들어 모임을 길게 이어 나가는 데 효과적입니다. 중요한 것은 아이들과 학부모 모두 독서 동아리의 필요성을 느끼고 유지하고자 하는 의지를 가지는 것입니다. 얼마나 자주 모일 것인지, 한 번 모일 때 얼마 동안 활동할 것인지 정하고, 정해졌다면 몇 달은 반드시 지키는 게 좋습니다. 독서 동아리도 습관처럼, 생활의 일부분처럼 느낄 수 있도록 해야 합니다. 그리고 독서 동아리의 이름도 함께 정하면 동아리에 애정을 가지고 참여합니다. 이름도 아이들이 짓도록 해 보세요.

### 2) 책 나눔 활동

그다음에는 어떻게 진행해야 할지 막막한가요? 너무 어렵게 생각하지 않아도 됩니다. 앞서 말씀드린 대로 책을 토대로 이야기를 나눈다고 생각하면 되는데요. 어떤 책이든 작가가 독자에게 전달하고자 하는 의도가 있습니다. 책이 주는 메시지를 아이들이 잘 이해하고 있는지, 이에 대한 아이들의 생각은 어떤지를 알아보기 위해 질문을 만들어 본 후 묻고 답해 봅니다. 그리고 이를 바탕으로 책의 주제를 담은 핵심 질문에 대해 토의·토론하는 것이 기본 방향이라고 생각하면 좋습니다. 참고로 요새 출간되는 아동 도서들은 출판사 홈페이지에 연계된 독후활동지가 올라와 있는 경우가 많아요. 그래서 함께 읽을 책을 고른 후 각 출판사의 홈페이지에 접속해 미리 확인해 보는 것도 좋은 방법입니다. 그러나 활동지의 내용을 빠짐없이 전부 할 필요는 없습니다. 처음부터 다 할 수도 없고요. 한 번에 하나씩 도전한다는 마음으로 접근해 보세요. 그렇게 익숙해지면 다음엔 활동을 더 추가하거나 우리 아이들의 수준에 맞게 변형할 수도 있답니다.

독서 동아리 활동을 책마다 다르게 구성하려고 하면 부담스러워서 오래 이어 가지 못합니다. 그래서 어느 책에나 적용할 수 있는 활동 루틴을 만들어 두면 이끌어 가는 부모님은 물론이고 학생들도 서로 편합니다. 그래서 정답이라고 할 수는 없지만 실제로 운영하고 있는 활동 순서의 예시를 소개하고자 합니다. 《몬스터 차일드》의 활동 예를 뒤에서 자세히 설명할 테니 참고 바랍니다. 뒤에서 소개할 독서 동아리 수업 매뉴얼은 하나의 예시이자 참고 자료일 뿐입니다. 부모님들과 아이들이 독서 동아리를 이어 나가다 보면 각자만의 방법이 만들어질 거예요.

# 꾸준한 독서 습관 들이는
## 66일의 기적

이제 독서가 학생들에게 필요하다는 점은 모두가 깨달았습니다. 우리 아이들의 독서가 일회성이 아닌 꾸준한 습관으로 이어지도록 하려면 어떻게 해야 할까요?

## 오락 요소 줄이기

어른들도 게임이나 스마트폰에 중독되는 사례가 빈번합니다. 그만큼 한번 잡으면 놓기 힘든 재미난 것들이 너무 많기 때문이지요.

그래서 먼저 학생들을 유혹하는 장애물들을 제거해야 합니다. 이 때문에 책을 많이 읽는 분위기 형성을 위해 거실의 텔레비전을 없애는 가정도 늘고 있지요. 가까이에 두면 보고 싶은 게 사람 마음입니다. 게임 하는 시간, 텔레비전을 보거나 스마트폰을 하는 시간을 정해 두는 가정들이 많지요. 하지만 정해 둔 규칙을 지키는 가정은 또 많지 않습니다. 그렇기에 아예 그런 마음을 차단할 수 있도록 텔레비전 리모컨이나 스마트폰, 게임기 등은 아예 멀리 떨어진 곳에 두거나 전원을 차단하는 방법을 추천합니다.

## 지킬 수 있는 목표 설정하기

새해만 되면 어른들도 운동 1시간, 매달 책 1권 읽기 등 거창한 새해 목표를 세웁니다. 하지만 작심삼일이라는 말이 무색할 만큼 금방 포기해 버리지요. 목표를 빨리 포기하는 이유는 그 목표를 실천하기가 쉽지 않기 때문일 것입니다. 그렇기에 먼저 실천할 수 있을 정도의 작은 목표부터 설정해 보세요. 공부를 아예 하지 않는 것보다 매일 수학 문제를 단 하나씩이라도 푸는 것이 더 낫습니다. 아예 손 놓고 안 하는 것보다는 조금씩이라도 꾸준히 하는 것이 더욱 좋습니다. 그렇기에 매일 지킬 수 있을 정도로 작은 습관부터 완전히 체득하는 것을 추천합니다. 작은 목표를 달성하는 기쁨을 느끼면 할 수 있다는 자신감이 생깁니다. 이 자신감은 더 나은 나로 성장하는 자양분이 되지요. 그렇게 습관이 정착이 된 후에 시간이나 횟수를 조금씩 더 늘려 나가도 충분합니다.

## 습관을 잘 지킬 수 있는 환경 조성하기

독서 습관을 정할 때 두루뭉술하게 설정하기보다는 언제, 어디서, 어떻게 독서를 할지 정확하게 정해야 합니다. 다시 말해서 매일 실천할 독서 시간과 장소를 명확히 해야 합니다. 아이들이 본인의 자투리 시간을 잘 알 거예요. 아침 기상 후 식탁에서 10분 독서, 잠자기 전 침대에서 10분 독서 등과 같이 목표를 실천할 수 있을 정도로 작게, 하지만 아이의 일정상 가장 변동이 없을 시간대와 그에 맞는 장소를 골라 정하는 것이 좋습니다. 그리고 습관을 만들기로 정했으면 꾸준히 잘 지킬 수 있도록 환경을 조성합니다. 예를 들어 잠자기 전 침대에서 10분 독서를 하기로 했다면 휴대폰은 거실에 두고 평소 좋아하는 책을 머리맡에 둡니다. 이렇게 습관 형성에 나쁜 환경은 제거하고 좋은 환경만 설정합니다.

## 성공 여부를 체크하고 보상 주기

전문가들은 습관이 형성되는 데 66일 정도의 시간이 걸린다고 말합니다. 그 정도로 독서 습관을 만드는 데에는 많은 시간과 노력이 필요합니다. 그런데 습관을 만드는 과정에서 들인 노력에 비해 성과가 보이지 않는 지루한 시간이 이어집니다. 이러한 정체기를 극복해야 습관이 만들어지고 나의 성장이 눈에 보이게 되지요. 이시간을 묵묵히 견뎌 내야 하는데 아이들에게는 쉽지 않습니다. 그래서 이럴 때는 자신의 노력을 확인할 수 있도록 표를 만들어 하루하루의 성공을 눈으로 확인하게 하면 좋습니다. 플래너 등을 이용하여 매일 나의 독서 기록을 확인한다면 아이들도 내가 해냈다는 뿌듯함을 느낄 수 있습니다. 또한 부모님도 아이들의 노력에 대한 격려의 의미로 보상을 해 주는 것이 좋습니다. 보상은 1~2주에 한 번씩 목표한 독서 습관을 실천했을 때 작게라도 해 주는 것을 추천합니다. 습관을 들이는 인내심이 필요한 순간 적절한 당근으로 아이에게 힘이 되어 주세요.

## 재미있는 책 제공하기

꾸준히 책을 읽는 습관을 기르려면 아이가 좋아할 만한 책들이 아이 가까이에 있어야 합니다. 재미가 있어야 책도 좋아하게 되고 꾸준히 읽게 되니까요. 부모님도 아이가 어렸을 때는 재미있는 책들, 좋다는 전집들을 사거나 대출해서 집에 많이 두었을 거예요. 그런데 아이가 커 갈수록 신경 쓸 것도 많고 독서는 아이들에게 맡겨 두었던 경험이 많을 겁니다. 아이들이 재미있는 책을 많이 읽으며 독서는 재미있는 일이라는 긍정적 이미지를 심어 주어야 하는데 그런 경험을 제공하지 못하게 되는 거죠. 그러니 책 읽으라는 부모님의 얘기가 아이에게는 잔소리처럼 들리는 겁니다. 재미있는 책을 읽는 경험을 한다면 아이가 스스로 책을 읽을 거예요. 아이가 좋아할 만한 책들을 넉넉하게 대출해서 거실 책장에 꽂아 두는 것도 좋은 방법입니다. 그러면 그중에서 아이가 좋아하는 책들을 골라 읽는데요. 이렇게 지속적으로 재미있는 책을 제공하면 서서히 도서관에 스스로 가서 좋아하는 책을 빌려오기도 하고, 심심할 때 스마트폰보다 책을 먼저 찾는 아이로 자라게 될 거예요. 독서 습관의 첫 단추가 재미있는 책 제공하기라는 점, 꼭 기억해 주세요.

## 도서관 자주 가기

도서관을 자주 가는 것은 독서 습관을 들이는 데에 가장 효과적인 방법이라 할 수 있습니다. 독서를 할 수 있는 최적의 환경에 노출되는 거니까요. 책이 많아서 내가 보고 싶은 책을 마음껏 볼 수 있는 것은 물론이거니와 다른 사람들이 책을 읽는 모습을 보며 자극을 받기에도 좋아요.

저는 두 아이와 매주 주말 도서관에 갑니다. 주말 이틀 중 하루는 시간을 내어 두 군데 정도의 도서관에 들릅니다. 놀이터나 공원이 옆에 있는 도서관에 가면 먼저 밖에서 신나게 놉니다. 그리고 도서관에 들러 좋아하는 만화책을 실컷 보기도 하고 특별히 좋아하는 책을 골라서 읽으며 충분한 시간을 보냅니다. 요새 도서관들은 아이들이 편안하게 책을 볼 수 있는 환경을 구성해 두었어요. 그래서 집에서 책을 보는 것처럼 편안한 자세로 책을 즐깁니다. 그렇게 도서관을 오래 이용하다 보면 아이들은 도서관이 익숙해져요. 자신이 원하는 책을 직접 찾아서 골라보는데 그 재미도 쏠쏠합니다. 보물찾기하듯 재미있는 책을 골라내는 경험 또한 소중하지요. 도서관을 자주 이용하다 보면 도서관이 익숙해지고 자신이 좋아하는 책이 어디 있는지 딱 알게 됩니다. 그리고 익숙함 속에 신간을 발견하는 재미까지. 처음에 학습 만화만 읽더라도 일단 계속 도서관으로 가세요. 시나브로 도서관에 적응하는 게 먼저입니다.

## 먼저 모범 보이기

사춘기를 앞둔 아이들이 가장 받아들이지 못하는 것이 무엇인지 아세요? 바로 어른들은 하지 않으면서 아이들에게만 하라고 잔소리하는 거예요. 부모님은 책을 읽지 않고 스마트폰을 하면서 아이에게 책을 읽으라고 한다면 아이들은 분명 그런 생각을 할 겁니다.

'아빠 엄마도 책 안 읽고 놀면서 나한테만 읽으라고 해.'

아이의 독서 습관을 들여 주는 김에 부모님도 함께 독서 습관을 길러 보면 어떨까요? 어떤 책을 읽어야 할지 모르겠다면 아이가 읽는 책을 함께 읽어 보는 것도 좋아요. 초등 고학년이 읽는 책들은 성인 도서의 전 단계라 어른들에게도 큰 울림을 준답니다. 그리고 아이들의 생각, 심리 상태를 이해하는 데에도 큰 도움이 되지요.

이와 관련해 추천하는 방법은 가족 독서 시간을 만드는 거예요. 매일 가족 독서를 하기에는 일정을 맞추기 쉽지 않습니다. 주말에 함께 도서관에 갔을 때 부모님도 함께 책을 읽으셔도 좋고 주말 저녁에 거실에 도란도란 앉아 함께 책을 읽는 것도 좋습니다. 사춘기를 앞둔 자녀와 시간을 보내고, 공통의 관심사로 대화를 나누기에도 더할 나위 없이 좋지요? 지금 당장 시도해 보면 어떨까요?

# 아이가 만드는
## 필독 도서 목록

## 꼭 읽어야 하는 책은 없습니다

독서의 필요성도 알았으니 이제는 아이가 좋아하는 책을 찾아 나서야겠지요? 많은 부모님이 아이에게 읽힐 책을 고를 때 학년별 필독 도서에 의지합니다. 학년별 필독 도서라고 제공되는 목록은 아주 많습니다. 인터넷에서도 금방 찾을 수 있고 도서관에서도 확인할 수 있어요. 그런데 이렇게 남이 추천해 주는 리스트가 내 아이에게 꼭 맞는 것은 아닙니다. 전형적이고 보편적인 그야말로 '추천 도서'이기에 참고 정도만 하는 게 좋아요. 전문가들이 추천하는 책도 좋지만 우리 아이의 현재 수준에 맞으면서도 아이가 좋아할 만한 책을 찾는 게 더 우선시되어야 하는데요. 우리 아이에게 맞는 책을 찾아 나서는 데 가장 좋은 곳은 도서관과 서점입니다.

6학년 아이들과 도서관에 가 보면 참 재미있습니다. 아이들의 독서 수준을 확인할 수 있는 가장 좋은 방법이지요. 저희 반 아이들은 매달 1시간씩 창의적 체험 활동 시간을 이용해 학교 도서관에 가는데요. 3월 처음 도서관 수업을 하는 날, 아이들에게 도서관에서 자유롭게 읽고 싶은 책을 읽도록 시간을 주었습니다. 그리고 아이들이 어떤 책을 고르는지, 어떤 태도로 이 시간을 보내는지 살펴보았죠. 똑같은 1시간이 주어졌지만, 도서관에서 시간을 보내는 방법은 제각각 달랐습니다. 노는 시간이라고 생각하고 친구들과 장난치거나 떠드는 아이들도 있었고, 그동안 학교 도서관을 이용해 왔던 친구는 전에 빌려서 읽었던 책을 반납하고 자신이 좋아하는 책을 다시 대출해 읽었어요. 또 다른 친구들은 책은 읽고 싶어 하는데 어떤 책을 읽어야 할지 몰라서 책을 골라서 읽다 집어넣고 다시 고르는 행동을 반복하기도 했지요.

아이들의 도서관 이용 태도 외에도, 아이들이 고르는 책을 통해 학생들의 독서 수준을 알아볼 수 있었는데요. 어떤 친구들은 대출하는 책들이 저학년 도서 또는 만화에 머물러 있는 반면, 꾸준한 독서로 이미 청소년 소설을 섭렵하고 있는 친구들도 있었습니다.

아이와 함께 도서관에 가서 아이가 어떤 책을 좋아하는지 한번 살펴보세요. 그리고 현재 어떤 책을 주로 읽고 있는지도 지켜보세요. 우리 아이가 저학년 친구들이 읽는 책을 읽고 있는데 고전 문학을 들이밀면 아이는 오히려 독서에 질려 버릴 거예요. 그러니 먼저 아이의 독서 수준부터 파악한 다음 천천히 책 수준을 올려 보세요.

## 우리 아이만의 독서 리스트 만들기

아이마다 성격도 입맛도 다 다르듯 독서 취향도 당연히 다릅니다. 한 아이의 예를 들어 볼게요. '덕후' 기질이 농후한 아이입니다. 좋아하는 것에 꽂히면 그것만 보는 친구 말이에요. 어릴 때는 자동차를 너무 좋아해서 각종 자동차 책만 섭렵해서 읽었습니다. 그때만 해도 아이가 평생 자동차 책만 읽을 줄 알고 걱정을 많이 했는데요. 자동차라는 관심사를 질리도록 파고든 후에는 자연스럽게 다음 관심사로 넘어가더라고요. 그다음에는 공룡, 곤충, 종이접기, 축구로 관심사가 이어지며 각 분야의 책을 집중하여 읽었습니다. 그러면서 깊이 있게 파고든 분야에서는 자연스레 전문가 수준의 지식을 갖게 되었어요. 또한 책 수준이 높아지며 자연스레 어휘력이나 이해력도 높아졌지요. 그때 만약 필독서에 집착해 아이의 몰입 독서를 방해했다면 아이는 책 읽는 즐거움을 놓쳤을지 모릅니다. 필독 도서에 의지하느라 아이의 자발적인 독서에 간섭하기보다는 아이에게 책을 선택할 수 있는 기회를 주세요. 어떤 독서든 아이에게 값진 경험으로 남는답니다.

아이가 다양한 독서 경험을 하길 원한다면 아이가 스스로 자신만의 독서 리스트를 만들어 보고 분석하게 하는 것도 추천해요. 먼저 기간을 두고 아이가 책을 다 읽고 난 후 책 제목을 기록하게 합니다. 그렇게 데이터가 쌓이면 아이가 읽은 책을 분석해 보는 거죠. 문학은 몇 권 읽었는지, 비문학은 몇 권 읽었는지, 또 문학 중에서는 어떤 내용의 책을 주로 읽었으며 비문학은 어떤 카테고리 중심으로 읽었는지 등등 자신이 그동안 어떤 책을 주로 읽고 있었는지 확인해 봅니다. 이렇게 만든 목록을 살펴보면 아이가 어떤 책을 더 읽으면 좋을지도 확인할 수 있답니다. 보강할 책들을 채우며 아이가 자신만의 필독 도서 목록을 스스로 만드는 거지요. 이렇게 스스로 부족한 부분과 강점을 알아 가는 과정이 메타인지 상승에도 큰 도움이 되리라 확신합니다.

한 분야에서 뛰어난 성과를 발휘하는 사람들은 메타인지 능력이 뛰어나다고 하지요. 자신을 객관적으로 관찰하고 스스로 무엇을 알고 무엇을 모르는지 파악한 후 목표를 조정하기 때문입니다. 이러한 메타인지를 독서에 접목해서 나만의 독서 리스트 만들기 활동으로 아이가 자신의 독서 경험을 스스로 들여다볼 수 있는 기회를 부여해 보세요. 아이가 자신에게 맞는 독서 방향으로 능동적인 발걸음을 뗄 겁니다.

## 선호 도서와 유사한 책 추천하기

아이 스스로 확장해 나가는 독서가 지식 책에만 해당되는 것은 아닙니다. 아이와 함께 읽었던 《80일간의 세계일주》 이야기를 기억하시나요? 아이는 《80일간의 세계일주》를 너무 재미있게 읽어서 그 후에《톰 소여의 모험》을 다 읽고《허클베리 핀의 모험》까지 섭렵했답니다. 관심사 외에도 재미있게 잘 봤던 책이 있다면 그 책과 유사한 다른 책들을 읽으며 흥미를 계속 유지하도록 돕는 방법도 좋습니다.

이 글을 읽으면서 '우리 아이는 특별히 좋아하는 분야가 없는데…'라고 생각하실 수 있지만 절대 그렇지 않습니다. 잘 살펴보시면 아이들마다 마음속에 관심 있는 분야는 한 가지씩 있어요. 좋아하는 이야기의 스타일도 다 갖고 있답니다.

아이가 좋아하는 분야, 장르가 있다면 그 분야 책을 충분히 읽게 두세요. 그러면 아이들의 독서 흥미를 잡으면서도 책을 통해 전문가 수준의 어휘력과 이해력도 잡을 수 있답니다. 그러니 도서관이나 서점에 가서서 아이가 어떤 책 코너 앞에서 서성이고 있는지 먼저 관찰해 주세요. 그렇게 일정 시간 비슷한 종류의 책을 골랐다면 그것이 아이가 현재 좋아하는 관심사일 것입니다. 관심사를 확인했다면 아이가 좋아하는 것에 흠뻑 빠질 수 있는 기회를 주세요.

표지만 보고 지겹고 따분하고 재미없을 것이라 생각했던 고전이 '읽었더니 재미있네?'하는 느낌을 한 번 맛보고 나면 다음 책도 고민 없이 고전 전집이나 같은 작가의 책을 고르는 걸 목격할 수 있습니다. 한 번이라도 즐겁게 읽은 경험의 영향은 큽니다. 즐겁게 읽은 책이 생기는 순간을 놓치지 마세요. 즐겁게 읽었다고 말하는 순간 아이에게 무심한 척 "그 책을 지은 작가가 다른 책도 지었던데?" 하고 말을 건네 보세요.

언젠가 이꽃님 작가의《세계를 건너 너에게 갈게》라는 책을 읽고 큰 울림이 있어서 아이에게도 권했던 적이 있었어요. 처음에 아이는 이 책을 보고 "이런 책은 딱 봐도 남자가 읽기에게 재미 없어 보이고 시시할 것 같은데요?"라고 하더라고요. 아무래도 엄마와 딸의 감동적인 서사가 그려지는 내용이니 그럴 수 있겠다고 생각했는데요. 그런데 다음 날 아침 아이의 눈이 퉁퉁 부어 있었습니다. 밤에 눈물을 흘리며 책을 읽었던 거지요. 이 책이 아이에게도 큰 감동으로 닿았던 모양입니다. 그 후 무심결에 이꽃님 작가의 다른 소설 제목을 이야기했더니, 아이가 스스로 책을 읽기 시작했습니다. 그리고 그다음부터 이꽃님 작가의 신간이 나오면 바로 찾아서 읽더라고요.

이처럼 아이가 재미있게 읽은 책의 작가가 쓴 다른 책을 추천하는 것도 좋은 방법입니다. 아이가 즐겁게 읽은 책이라면 작가의 문체, 스타일 등이 우리 아이와 잘 맞았다는 방증이니까요. 그리고 아이 역시 즐겁게 읽었던 책과 연관되기에 거부감 없이 책을 받아들일 겁니다. 스스로 작가의 책을 찾아 읽는 팬이 될 수도 있지요.

단번에 아이가 푹 빠질 만큼 좋아하는 책을 찾는 것이 쉽지는 않습니다. 그렇다고 독서를 필독 도서 중심으로 다양하게 읽혀서 골고루 갖춘 지식을 심어 주겠다는 생각도 좋지 않습니다. 대신 좋은 책을 자연스럽게 접할 기회를 주는 데에 초점을 맞춰 주세요. 그러면 아이 스스로 자신의 흥미와 관심사를 찾아 능동적인 독서를 할 겁니다.

4부

# 한 권을 읽어도
# 제대로
# 읽어야 합니다

# 어떻게
## 읽을 것인가

### 독서 활동 기본 가이드, 4단계 깊이 읽기

독서 동아리를 만들거나, 아이와 둘이 독서 활동을 하기로 했는데, 어떻게 진행해야 할지 고민되시나요? 저도 처음 시작하던 날 의욕은 충만했는데 계획한 대로 잘되지 않아 당황스러웠던 기억이 납니다. 아이들을 가르치는 게 직업인데도 그랬어요.

이 책을 함께 쓰는 선생님 모두 그 경험을 했습니다. 어떤 날은 아이들과 함께하는 활동이 잘 풀렸지만, 또 어떤 날은 끙끙거리는 아이들을 보며 '너무 어려운 시도였나?' 하며 자책도 했습니다. 하지만 아이들도 저희도 그만둬야겠다는 생각은 하지 않았습니다. 아이들이 책을 읽고 성장하는 모습이 보이니 멈출 수가 없었어요. 저희가 하는 독서 동아리에서 하는 대표적인 활동들을 소개합니다. 전문적인 독서 논술 수업과는 차이가 있습니다. 독서를 좋아하고, 아이의 성장을 옆에서 북돋고 지켜보고 싶은 마음만 있다면 누구나 할 수 있는 활동들입니다.

여기에 소개하는 활동들은 첫날에 완성된 것이 아닙니다. 여기 소개된 활동을 첫 시간에 모두 하려고 하면 아이에게도 부모님께도 힘든 시간이 됩니다. 재미있는 책을 읽고 독후 활동을 하는데, 힘들게 시간을 보내다니요. 한 번에 하나씩 시도해 보세요. 하나의 활동이 익숙해지면 다음 활동을 추가하는 겁니다. 또 어떤 활동을 할지 정할 때 아이에게 선택권을 주는 것도 좋습니다. 아이가 하나, 엄마가 하나 선택해도 좋습니다. 한 걸음씩 천천히 여유를 가지고 걸으면서 아이의 성장을 격려하고 지켜봐 주세요.

책을 읽고 할 수 있는 활동 중 어떤 책을 읽든 적용할 수 있는 기본 활동들을 소개합니다. 책을 확실히 이해하는 '4단계 깊이 읽기' 방법입니다. 바로 '어휘 챙기기', '인물·사건·배경 파악하기', '질문 나누기', '10분 글쓰기'입니다.

# 1단계:
## 어휘 챙기기

어휘는 문해력의 기초입니다. 책을 읽는 이유 중 하나는 어휘를 자연스레 익히기 위해서입니다. 따라서 밑바탕이 되는 어휘가 풍성해야 문장의 의미를 쉽게 이해할 수 있습니다. 책 속의 세계는 다양한 어휘를 자연스레 접할 수 있는 최상의 공간입니다. 독서는 처음 보는 낯선 어휘를 만나더라도 문맥에서 자연스럽게 유추하며 그 의미를 이해하는 힘을 키워 줍니다. 하지만 아무리 유추하려 해도 모르는 어휘는 있기 마련입니다.

이럴 땐 사전을 이용해 어휘의 정확한 뜻을 알아봐야 하지만, 모른다고 표시해 둔 모든 단어를 일일이 찾다가는 독서에 흥미를 잃어버릴 수 있습니다. 어휘는 긴 시간을 두고 차근차근 쌓아 가는 것입니다. 처음부터 너무 욕심낼 필요는 없어요. 처음엔 10개에서 15개 정도 찾아보는 정도로 시작하면 아이들이 부담스러워하지 않습니다. 아이들이 모르는 어휘 중에서도 중요한 어휘를 선정하여 국어사전에 나온 정의를 정확히 알아보고 사용 예시도 살펴봅니다. 익숙해지면 더 많은 어휘를 찾아볼 수도 있습니다.

## 모르는 단어 표시하기

낯설거나 모르는 단어가 나오면 그 단어가 나오는 쪽에 플래그를 붙여 두거나 연필, 형광펜으로 표시해 두는 것을 추천합니다. 처음 읽을 때 이렇게 표시해 두면 끝까지 읽고 나서 다시 한번 읽을 때 의미 유추가 되었는지, 여전히 모르는지 스스로 판단할 수 있습니다. 유추되지 않는 단어는 사전을 찾아 정확한 뜻을 알도록 합니다.

모르는 단어를 표시하며 읽으라고 하면 처음에는 거부하기도 합니다. 아무래도 단어에 표시하며 읽으면 읽는 속도가 느려지니까요. 이럴 땐 표시한 단어들로 놀이를 해 보세요. 빈 종이만 있으면 할 수 있는 빙고 놀이를 추천합니다.

## 메모지 활용하기

몰랐던 단어를 아는 어휘로 만드는 방법으로 메모지에 적어서 냉장고나 현관문 같은 '눈에 잘 띄는 곳에 붙여 보기'도 추천합니다. 오늘 본 낯선 단어를 눈으로 자주 보고 '무슨 의미였더라?' 떠올리다 보면, 어느덧 익숙해지며 자연스레 기억할 수 있습니다. 영어 단어를 메모지에 적어 벽에 붙여 놓고 눈이 마주칠 때마다 기억하려 하듯 국어 어휘도 눈에 잘 보이는 곳에 붙여 두는 것이 좋습니다. 또 가족이 함께 메모지에 적힌 단어를 사용해서 짧은 문장을 지어 말해 보는 것도 좋은 방법입니다. 말로 표현하며 생활 속에 써 보는 것이야말로 어휘의 적절한 쓰임을 체험하는 것이며 어휘를 온전히 이해하는 것입니다.

## 사전 찾기

책 수업을 할 때 각자 사전을 준비하게 하여, 아이들이 공통으로 모른다고 뽑은 어휘를 불러 주고, 직접 어휘의 뜻을 국어사전에서 재빨리 찾아 읽게 하는 '스피드 어휘 찾기'도 아이들이 좋아하는 활동입니다. 어렴풋이 아는 어휘를 정확하게 설명하는 문장을 읽으며 명확히 알게 되는 느낌을 아이들도 좋아합니다. 요즘은 스마트폰 앱 사전이나 인터넷 국어사전을 많이 활용하지만, 이 활동을 할 때는 종이책 국어사전을 추천합니다. 고학년 중 한글 어순을 잊어버리는 아이들이 많아지고 있습니다. 사전 찾기를 하다 보면 한글 자모의 순서를 자연스레 익히게 됩니다.

## 출판사 독후 활동지 이용하기

읽은 책의 출판사 홈페이지 자료실을 방문해 보세요. 수준 높은 독후 활동지가 많이 올려져 있습니다. 제공된 독후 활동지에 있는 어휘 관련 활동만 해도 됩니다. 어휘 관련 활동 중 아이들에게 인기가 많은 것이 십자말풀이예요. 수수께끼를 푸는 느낌인지 재미있게 풉니다. 십자말풀이 형식으로 되어 있으면 꼭 활용해 보세요.

전체 책 수업 중 어휘 챙기기는 아이들이 책을 읽으며 유추한 어휘의 뜻이 맞는지 되짚는 겸, 수업을 여는 워밍업 정도로 가볍게 활동하면 좋아요. 어휘의 원래 의미 찾기가 익숙해지면 반대어와 유의어를 찾아보는 활동으로 넓혀 갑니다. 어휘를 정확히 안다는 것은 어휘를 적절한 상황 속에 글로, 말로 응용할 수 있는 것을 말합니다. 이 활동으로 찾은 단어를 넣어 짧은 글짓기를 해 보는 것도 추천합니다.

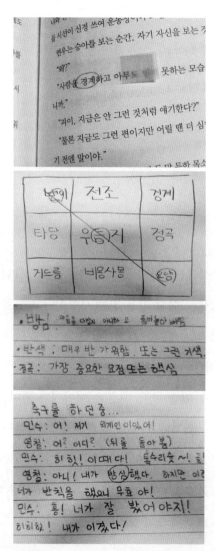

# 2단계:
## 인물·사건·배경 파악하기

이야기를 구성하는 3가지 요소가 바로 인물, 사건, 배경입니다. '인물'은 이야기에서 어떤 일을 겪는 사람이나 사물로, 이야기를 이끌어 가는 주체적인 역할을 해요. '사건'은 이야기에서 일어나는 일로, 인물들이 처하는 상황과 이에 따른 행동으로 야기되는 다양한 갈등이라고 볼 수 있습니다. '배경'은 이야기가 펼쳐지는 시간과 장소로 이야기의 분위기와 인물의 성격 등을 형성하는 데 영향을 끼칩니다. 이러한 이야기의 3요소는 아이들이 이미 4학년 2학기 국어 교육 과정에서 학습한 내용이에요. 따라서 5~6학년 학생이라면 무리 없이 이야기를 파악하여 정리할 수 있답니다.

## 마인드맵 활용하기

이야기의 인물, 사건, 배경을 활동지에 표로 만들어 정리하는 방법도 좋지만 저는 주로 마인드맵을 이용합니다. '마인드맵'의 뜻을 그대로 직역하면 '생각의 지도'라는 뜻으로 1960년대 영국의 토니 부잔Tony Buzan이 두뇌의 특성을 고려해 만든 생각 정리 기술 이론인데요. 지도를 그리듯이 나의 생각을 중심 생각에서부터 차근히 가지 뻗어 정리하는 방법입니다. 마인드맵을 통해 인물, 사건, 배경을 정리하는 활동 자체가 책의 기본적인 줄거리를 요약하는 역할을 합니다. 이 과정을 통해 책의 내용을 다시 한번 떠올려 보고 정리할 수 있어요.

# 3단계:
## 질문 나누기

책 내용을 인물, 사건, 배경으로 정리했다면 이제는 책에 대한 질문을 자유롭게 만들어 봅니다. 질문을 만드는 과정이 낯설 수 있겠지만 이는 아이들이 책에 능동적으로 접근하는 데 큰 도움이 된답니다. 수동적으로 문제를 해결하는 것이 아니라 자신이 질문을 만드는 과정을 통해서 책에 대해 다양한 각도로 생각해 볼 수 있어요. 먼저 책의 내용을 다시 한번 되돌아보게 되고요. 그러면서 자연스럽게 책을 깊이 있게 이해하게 되고 책의 메시지, 작가의 의도나 목적을 파악하는 데 도움이 됩니다.

## 질문의 여러가지 유형

　질문으로 책 대화를 하는 방법으로 하브루타의 질문하고 대화하고 토론하는 방법을 응용해 보는 것도 좋습니다. 전문가마다 용어는 다를 수 있지만, 하브루타에서는 '내용을 잘 읽었나 확인하는 질문(내용 질문)', '상상을 자극하는 질문(상상 질문)', '글의 내용과 관련하여 직접 실생활에서 실천하고 적용할 수 있는지 묻는 질문(적용 질문)', '지금까지 나눈 것을 바탕으로 종합하여 정리하는 질문(종합 질문)' 방법을 사용하고 있습니다.

　먼저 '내용 질문'은 주로 '내용을 잘 읽었나 확인하는 질문'입니다. 보통은 아이들도 어른들도 내용 질문에 익숙하지요.《몬스터 차일드》를 예로 든다면 "하늬에게 변이가 나타날 때의 증상은 무엇입니까?" 또는 "하늬와 동생은 왜 시골로 전학을 갔을까요?"와 같이 책에 답이 있는 질문입니다. 이런 질문은 아이들이 만들기 어렵지 않을 거예요.

　다음 '상상 질문'은 책의 내용 속에서 일어날 수 있는 상상을 자극하는 질문입니다. "하늬가 버스를 타고 가던 도중 시위하는 사람들을 보고 어떤 감정이 들었을까요?" 또는 "연우와 승아, 소장님은 도망친 후 어떻게 되었을까요?"처럼 책 속에 정확한 답이 없고 사람들마다 답이 다른 열린 질문이지요. 상상 질문은 책에 숨겨진 내용을 상상하고 유추해야 하므로 더욱 까다롭게 느껴질 수도 있습니다.

'적용 질문'은 책 속에서 '만약 나라면'을 적용해 보는 질문입니다. 글의 내용과 관련하여 직접 실생활에서 실천하고 적용할 수 있는지 묻는 거죠. 이를테면 "내가 만약 하늬였다면, 목숨을 걸고 연우를 구하러 갈 수 있을까요?"와 같은 질문입니다. 적용 질문을 통해 이야기 속 주인공의 가치관과 나를 비교해 볼 수 있지요.

마지막으로 '종합 질문'은 작가가 이야기를 통해 우리에게 전달하고 싶은 메시지를 파악하는 질문으로 지금까지 나눈 것들을 종합하여 정리하는 역할을 합니다. 《몬스터 차일드》가 나에게 주는 교훈은 무엇입니까?", "이 이야기를 통해 작가가 하고 싶은 말은 무엇일까요?"와 같이 모든 책에 공통적으로 대입하여 이야기 나눌 수 있는 질문이에요.

## 2단계, 3단계, 4단계 질문법

4단계의 질문법을 처음부터 아이들에게 대입하면 익숙하지 않아 어려울 수 있어요. 그래서 처음 시작할 때는 2단계의 질문법으로 활동합니다.

2단계 질문법은 5학년 국어 교육 과정에서 제시된 내용으로 먼저 '글에서 답을 찾을 수 있는 질문'으로 글을 잘 이해했는지 확인합니다. 다음 '자신의 생각을 말해야 하는 질문'으로 글을 읽고 난 후

2단계 질문법

| 글에서 답을 찾을 수 있는 질문 (내용 질문) | • 하늬에게 변이가 나타날 때의 증상은 무엇입니까?<br>• 하늬가 서욱이네 축사에서 연우가 범인이 아니라고 생각한 이유는 무엇입니까?<br>• 하늬와 동생은 왜 시골로 전학을 갔을까요? |
|---|---|
| 자신의 생각을 말해야 하는 질문 (상상, 적용 질문) | • 하늬가 버스를 타고 가던 도중 시위하는 사람들을 보고 어떤 감정이 들었을까요?<br>• 마을 사람들은 왜 MCS 치료 센터를 자신의 마을에 세우는 것을 반대할까요?<br>• 하늬가 MCS를 받아들이게 된 계기는 무엇일까요?<br>• 연우와 승아, 소장님은 도망친 후 어떻게 되었을까요?<br>• 내가 만약 하늬였다면, 목숨을 걸고 연우를 구하러 갈 수 있을까요?<br>• 내가 이 글의 하늬와 연우처럼 MCS 증후군을 겪고 있다면 이 증상을 친구들에게 공개할 것인가요? 아니면 숨길 것인가요?<br>• 가장 인상 깊었던 장면이나 글귀는 무엇입니까? |

의 생각과 느낌 등을 확인하지요. 글에서 답을 찾을 수 있는 질문은 앞선 4가지 질문 중 내용 질문에 해당되고요. 글에 명확한 답이 없으며 자신의 생각을 말해야 하는 질문이 상상 질문, 적용 질문이 되겠습니다.

2단계 질문법을 통해 아이와 부모님 모두 질문이 익숙해지면 다음에는 3단계 질문법으로 활동하면 좋습니다. 3단계 질문법은 6학년 국어 교육 과정에서 글을 읽고 내용을 확인할 때 자주 사용되는 방법이에요. 6학년 학생들에게는 낯설지 않을 활동이랍니다.

### 3단계 질문법

| | |
|---|---|
| 책에서 답을 찾을 수 있는 질문 (내용 질문) | • 하늬에게 변이가 나타날 때의 증상은 무엇입니까? <br>• 하늬가 서욱이네 축사에서 연우가 범인이 아니라고 생각한 이유는 무엇입니까? <br>• 하늬와 동생은 왜 시골로 전학을 갔을까요? |
| 책 내용으로 미루어 생각했을 때 답을 찾을 수 있는 질문 (상상 질문) | • 하늬가 버스를 타고 가던 도중 시위하는 사람들을 보고 어떤 감정이 들었을까요? <br>• 마을 사람들은 왜 MCS 치료 센터를 자신의 마을에 세우는 것을 반대할까요? <br>• 하늬가 MCS를 받아들이게 된 계기는 무엇일까요? <br>• 연우와 승아, 소장님은 도망친 후 어떻게 되었을까요? |
| 책 평가나 감상과 관련된 질문 (적용 질문) | • 내가 만약 하늬였다면, 목숨을 걸고 연우를 구하러 갈 수 있을까요? <br>• 내가 이 글의 하늬와 연우처럼 MCS 증후군을 겪고 있다면 이 증상을 친구들에게 공개할 것인가요? 아니면 숨길 것인가요? <br>• 가장 인상 깊었던 장면이나 글귀는 무엇입니까? |

먼저 책에서 답을 찾을 수 있는 내용 질문으로 책의 내용을 확인합니다. 그런 다음 책 내용으로 미루어 생각했을 때 답을 찾을 수 있는 상상 질문, 책 평가나 감상과 관련된 적용 질문으로 책과 깊이 있는 이야기를 할 수 있어요.

앞의 3단계 질문법은 세 가지 사고 능력과 연결이 됩니다. 먼저 첫 번째 '책에서 답을 찾을 수 있는 질문'은 수렴적 사고, 즉 답이나 결론을 향해 나아가기 위해 정보와 아이디어를 분석하고 종합하는 사고 능력을 키워 줍니다. 두 번째 '책 내용으로 미루어 생각했을 때 답을 찾을 수 있는 질문'은 확산적 사고, 아이디어를 광범위하게 생성하고 창조적이면서 폭넓게 사고하는 능력을 키워 주지요. 마지막 책 평가나 감상과 관련된 질문은 자신의 사고와 학습에 대해 생각하는 질문으로 초인지 능력을 발달시켜 줍니다.

아이들의 질문을 보면 이 책을 얼마나 이해했는지 확인할 수 있어요. 글쓴이의 의도와 책의 중심 내용을 정확히 이해한 학생들은 질문도 그에 맞게 만들거든요. 그렇기에 부모님이 따로 책 내용을 가르칠 필요 없이 아이들이 질문을 통해 책의 중심 내용을 파악해 나가고, 이해하지 못했던 부분들을 이해하게 됩니다.

위의 질문 만드는 활동을 할 때는 학생들이 만들어야 할 질문의 개수를 한정 짓지 마세요. 그저 학생들이 원하는 만큼 질문을 쏟아 낼 수 있도록 유도해 주면 좋답니다. 위의 활동에서 수없이 많은 질문들을 만들어 보고 친구들끼리 서로 공유하다 보면 어떤 질문이 이야기를 나누기 좋은지 깨닫게 됩니다. 질문에 답하면서 내가 몰랐거나 놓쳤던 부분을 새롭게 알게 되며 진정한 책과의 대화가 이루어진답니다.

앞에서 질문의 종류를 4가지로 언급했는데 마지막 '종합 질문'이 빠져서 의아하셨지요? 종합 질문은 책에서 작가가 학생들에게 전달하고자 하는 주요 가치를 알아가는 데 적확한 질문입니다. 이 질문은 부모님이 미리 준비해서 작가가 이 책을 쓴 의도를 파악해 보고 정리하면 좋겠습니다. 대체적인 질문의 형식은 "이 책이 나에게 주는 교훈은 무엇입니까?", "이 이야기를 통해 작가가 하고 싶은 말은 무엇입니까?"로 모든 책에 공통적으로 적용할 수 있겠어요.

어떤가요? 질문이 다양하면 책 한 권 읽었을 뿐인데 생각은 무한히 확장하고 있다는 걸 아이들도 느낄 거예요. 처음 질문을 만들고 답하는 과정은 어색하기도 하고 어렵습니다. 한 개를 겨우 만들던 질문이 두 개가 되고 세 개가 될 때, 책에서 답을 찾을 수 있는 내용 질문만 만들다가 책 내용으로 미루어 생각했을 때 답을 찾을 수 있는 상상 질문을 만들고, 책 평가나 감상 등 나에게 책을 적용하는 질문을 만들게 될 순간에 얻게 될 감동을 생각하면 첫걸음이 두렵지 않을 겁니다.

질문을 하며 책 대화를 나누고 나면, 그다음 책을 읽을 땐 더 꼼꼼하게 읽습니다. 빨리 읽고 '다 읽었어요!', '다 알아요!' 하고 줄거리만 술술 말하고 탁 돌아서던 아이가 질문을 생각하며 읽으니 천천히 읽고, 깊이 생각하며 읽기 시작합니다.

질문의 힘은 작가의 의도를 짐작하기 시작할 때 정점에 이른다고 생각합니다. 책이 주는 선물 중 하나가 추측하는 힘이라면 아이들은 작가가 책을 쓴 의도를 짐작하는 순간 높은 수준의 추측하는 힘을 기르게 되는 게 아닐까요? 이렇게 책을 읽는 습관이 자리 잡으면 뉴스나 신문 기사, 인터넷에서 동영상을 볼 때도 세상을 넓고 깊이 있게 볼 수 있을 것입니다.

아이가 잘 읽었는지 확인하고 싶으실 때는 질문을 해 보시기를 바랍니다. 내용을 확인하는 질문만 하지 마시고 다양한 질문을 해 보시기를 바랍니다. 이 경험이 쌓이면 더 나아가 아이와 자연스레 책 대화를 할 수 있을 거예요.

# 4단계 :
## 10분 글쓰기

## 글쓰기의 부담 줄이기

질문으로 책 내용에 대해 충분히 생각을 나누었다면 이제는 여러 생각을 정리하는 글쓰기로 마무리합니다. 책을 재미있게 잘 읽는 아이들도 독서 감상문을 쓰라고 하면 멈칫하는 아이들이 많습니다. 어른들도 마찬가지지요. 글쓰기라는 것 자체에 부담감이 있습니다. 그러므로 글쓰기를 할 때는 꼭 길게 쓸 필요는 없어요. 거창하게 쓸 필요도 없습니다. 책을 읽으면서, 책 내용에 대한 질문을 함께 나누면서 풍성하게 생각했던 것들을 나만의 글로 표현해 보는 것 자체에 의미가 있습니다.

아이들이 책을 읽고 글을 쓰는 데 부담을 덜어 주기 위해서 10분 글쓰기를 추천합니다. 일단 10분이라는 시간이 정해져 있기 때문에 아이들이 부담을 덜 느낍니다. 10분 동안 쓰는 것은 비교적 만만하게 여겨요. 그렇지만 활동을 시작하기 전부터 아마 이런 의문이 생길 겁니다.

'10분이라는 시간 동안 독서 감상문 쓰기가 가능할까?'

그런데 막상 아이들에게 책을 읽고 10분 글쓰기를 하라고 해 보면 오히려 시간을 넉넉하게 줄 때보다 더 열심히 씁니다. 굉장히 아이러니하지만 더 집중해서 글을 써요. 책 한 권을 읽고 바로 글을 쓰는 것이 아니라 이미 책에 대해서 많은 이야기를 나눈 상태이기 때문에 아이들의 글감은 생각보다 많습니다.

독서 감상문을 처음 쓸 때는 10분 글쓰기여도 막막해할 수 있습니다. 이때는 몇 가지 양식을 제시해 주는 것이 좋습니다. 독후 활동으로서의 글쓰기에는 다양한 양식이 있습니다. 그중에서도 글을 쓰면서 책 전체의 내용을 다시 한번 떠올려 볼 수 있고, 자기 생각을 정리할 수 있는 방법을 몇 가지 추천합니다.

1) 등장인물에게 편지 쓰기

2) 뒷이야기 이어 쓰기

3) 등장인물 인터뷰하기

4) 책 광고 쓰기


    책의 내용에 따라 다양한 독후감 양식을 골라서 쓰는 것도 좋은 방법인데요. 저는 가장 기본적인 형식인 독서 감상문을 추천합니다. 독서 감상문을 쓰는 자체가 독서의 흥미를 잃게 만든다고 생각하는 분들도 계시지요. 물론 글을 쓰는 활동을 싫어하는 아이들이 많습니다. 글쓰기 자체가 머릿속의 생각을 구조화하여 글로 뱉어 내야 하는 과정이기에 고차원적인 사고를 요하거든요. 이 과정이 아이들을 힘들게 하여 책에 거부감을 느끼게 한다는 주장도 있지만 오히려 그렇기에 글쓰기가 필요하고, 읽은 책 내용을 정리하는 데 있어 독서 감상문이 최적화된 방법이라고 생각합니다.

    대신 아이들이 짧은 시간에 집중해서 쓸 수 있도록 도와줍니다. 그렇게 독서 감상문 쓰기에 접근하면 아이들도 성취감을 느낍니다. 어렵게만 느꼈던 독서 감상문을 10분 만에 써 냈다는 생각에 스스로 놀라워하기도 해요.

"선생님, 제가 10분 만에 독서 감상문을 썼다고요? 믿기지 않아요."

"10분 만에 쓴 독서 감상문치고는 잘 쓴 것 같다는 생각이 들어요."

10분 글쓰기를 경험한 아이들이 하나같이 했던 말입니다. 10분이라는 짧은 시간을 주는데 신기하게도 점점 아이들이 글 쓰는 시간이 늘어나요.

"이제 2분 남았어요. 쓰던 글 마무리해 보세요."

"선생님, 안돼요! 시간 조금만 더 주세요."

10분 글쓰기를 하는 횟수가 늘어 갈수록 아이들은 점점 자기도 모르게 글쓰기에 빠져듭니다. 처음에 10분을 채워 쓰던 글쓰기에 열심히 임했기 때문에 글 쓰는 실력이 자기도 모르게 점점 좋아지는 거지요. 이렇게 아이들이 글쓰기에 자신감이 생깁니다. 10분이라는 시간이 아니었다면 아이들이 처음부터 책을 읽고 글을 쓰는데 이만큼 집중하지는 못했을 거예요.

'이 정도는 나도 할 수 있겠네.'

이런 마음이 들 정도의 만만한 방법으로 글쓰기를 시작해야 합니다.

# 독서 감상문 쓰기 지도 요령

10분 동안 독서 감상문을 쓰는 건 알겠는데 무엇을, 어떻게 쓰도록 아이들에게 가르쳐 주어야 할지 막막하지요? 일단 처음에는 양식을 주는 것이 좋습니다. 그래야 아이들이 막막해하지 않아요.

첫 부분의 책을 읽게 된 동기나 책을 고른 이유의 경우에는 특별한 것 없다면 생략해도 됩니다.

'이 책은 엄마가 읽으라고 해서 읽게 되었다.'

'이 책은 이번 주 논술 학원 숙제여서 읽게 되었다.'

이런 동기나 이유는 그다지 특별할 것이 없기 때문에 생략해도 무방합니다. 오히려 동기나 이유를 쓰는 것이 글을 지루하게 만들기 때문입니다.

다음 쓸 내용은 책의 줄거리인데요. 아이들에게 독서 감상문을 쓰라고 해 보면 줄거리 부분을 쓰다가 시간이 다 갑니다. 줄거리를 간단하게 요약하는 데 어려움을 겪어서 구구절절 길게 쓰는 아이들이 많아요. 독서 감상문 한 편을 용두사미처럼 씁니다. 줄거리는 거창하게 한 바닥을 채웠는데 오히려 더 중요한 자기가 생각하거나 느낀 것, 책을 읽고 얻은 것들은 줄거리를 쓰느라 에너지를 다 써

| | |
|---|---|
| 처음 | 1. 책을 읽게 된 동기, 책을 고른 이유<br>2. 책 표지를 보면서 떠오른 생각 또는 느낌<br>3. 책의 줄거리 간단하게(3줄 이내) |
| 중간 | 인상 깊은 구절 3개와 그 이유<br><br>첫째, _____<br>_____<br>_____<br><br>둘째, _____<br>_____<br>_____<br><br>셋째, _____<br>_____<br>_____ |
| 끝 | 책을 읽고 얻은 것(교훈, 느낌, 생각 등) |

버린 나머지 한두 줄로 급하게 마무리하고 맙니다.

책 한 권의 방대한 분량을 줄여서 몇 줄로 쓰려고 하니 아이들은 막막할 거예요. 그 어려움도 충분히 이해가 갑니다. 하지만 독서 감상문을 쓸 때 줄거리로 많은 분량을 채우게 되면 글의 매력이 매우 떨어집니다. 글쓰기에 아직 익숙하지 않은 아이들이지만 이왕이면 글쓰기를 배우는 과정에서 글의 매력을 살릴 수 있는 방법을 지도

해 주면 글쓰기 초보인 아이들의 글도 아이들만의 각자 개성이 담긴 글로 발전하는 데 도움이 됩니다.

구구절절 줄거리가 독서 감상문의 대부분을 차지하는 것을 막는 방법으로 읽은 책의 내용을 한 줄로 요약해 보기를 추천합니다.

1) 주인공은 누구인가?

2) 주인공은 어떤 어려움이나 결핍을 가지고 있었나?

3) 그것을 어떻게 극복했나?

4) 주인공이 어려움을 극복하는 데 도움을 준 사람이 있었나?

5) 결론은 어떻게 되었나?

이 5가지 질문의 답을 먼저 생각해 봅니다. 그 이후에 질문의 답을 한 문장으로 연결해 보는 거예요. 그러면 한 문장의 짧은 줄거리가 완성됩니다. 실제로 동화 작가들도 동화를 쓸 때 이 방법을 활용합니다. 위의 질문에 대한 답으로 제일 먼저 동화의 주제를 한 줄로 적고 작품을 구상합니다.

《몬스터 차일드》를 예로 들어 볼까요?

1) 주인공은 누구인가? → 오하늬

2) 주인공은 어떤 어려움이나 결핍을 가지고 있었나? → 덩치가 커지고 외형이 야생동물처럼 변하는 신체 변이를 일으키는 'MCS 증후군'을 가지고 있다.

3) 그것을 어떻게 극복했나? → MCS 증후군을 자연스럽게 받아들이도록 도와주시는 소장님의 훈련, 자신의 MCS 증후군을 숨기지 않고 당당하게 드러내며 사람들의 편견에 맞서는 연우와 함께하는 시간을 통해 극복하게 되었다.

4) 주인공이 어려움을 극복하는 데 도움을 준 사람이 있었나? → 연우, 소장님

5) 결론은 어떻게 되었나? → 변이 이후의 모습 또한 나 자신이라는 것을 받아들이고 사랑하게 된다.

이것을 한 문장으로 만들어 보면 다음과 같아요.

오하늬는 덩치가 커지고 외형이 야생동물처럼 변하는 신체 변이를 일으키는 'MCS 증후군'을 가지고 있는데 MCS 증후군을 자연스럽게 받아들이도록 도와주시는 소장님의 훈련, 자신의 MCS 증후군을 숨기지 않고 당당하게 드러

내며 사람들의 편견에 맞서는 연우와 함께하는 시간을 통해 극복하게 되어 변이 이후의 모습 또한 나 자신이라는 것을 받아들이고 사랑하게 된다.

완벽하게 매끄럽지는 않지만 핵심이 다 담겨 있습니다. 한 문장으로 이으려고 하다 보니 어색한 부분을 고쳐 보겠습니다.

오하늬는 덩치가 커지고 외형이 야생동물처럼 변하는 신체 변이를 일으키는 'MCS 증후군'을 가지고 있다. MCS 증후군을 자연스럽게 받아들이도록 도와주시는 소장님의 훈련, 자신의 MCS 증후군을 숨기지 않고 당당하게 드러내며 사람들의 편견에 맞서는 연우와 함께하는 시간을 통해 극복하게 되었다. 변이 이후의 모습 또한 나 자신이라는 것을 받아들이고 사랑하게 된다.

대강의 핵심이 담긴 짧은 줄거리가 완성됩니다. 아이들이 전체 줄거리를 몇 줄로 줄이는 것은 어렵지만 위의 질문에 대답을 생각해 보고 몇 줄로 정리하는 것은 쉬워요. 이 방법을 통해서 독서 감상문 앞부분의 줄거리를 쓰면 됩니다.

다음은 독서 감상문의 중간 부분을 쓸 차례인데요. 책을 읽으면서 인상 깊은 구절 3개를 미리 찾아 놓습니다. 밑줄을 그어도 좋고

하늬가 전학가기전에 학교 에서 친구들이 사물함에 생닭을 넣는등

이상한 짓으로 하늬를 괴롭히는 장면에 내가 하늬가 아닌데도 불구하고 숨이

약히도록 괴로웠다.

나도 나와 다른사람을 보면 신경이 쓰이고 눈길이 많이 간다.

하지만 괴롭혀서는 안된다고 생각한다. 왜냐하면 사람은 태어날 때부터

인권을 가지고 있기 때문이다. 우리는 또 차별 받지 않을 권리가 있다

하늬와 같은 MCS도 마찬가지 이다

그리고 내가 MCS 였다면 연우처럼 MCS를 숨기지 않고 당당하게 생활

하지 못 했을것 같은데 연우는 대단한 아이 이다. 연우가 그렇게 될 수 있었던

건 소장님 덕분 이다. 나도 다른 사람들이 자기 자신을 있는 그대로 사랑할수 있

게 도와주는 어른이 되고 싶다.

나도 코가 낮은게 컴플렉스 인데 연우가 MCS를 인정한 것 처럼 나의 컴플렉

스를 인정하고 긍정적으로 받아들여야 겠다.

소장님이 누명을 썼을때 하늬가 용기를내서 소장님을 구하러 가는 장면에 감탄

했다. 그리고 건우를 괴롭히는 중학생들을 혼내주는 장면이 속시원 하

고 하늬가 멋있었다.

도서관에서 빌린 책이라면 메모지를 붙여도 좋아요. 각 구절을 인상 깊었던 이유와 함께 적습니다. 그러면 독서 감상문의 중간 부분도 완성입니다. 끝부분에서는 이 책을 읽고 알게 된 점, 생각하거나 느낀 점, 교훈 등 내가 책을 통해 얻게 된 것을 쓰면 됩니다.

이런 형식으로 독서 감상문을 쓰다 보면 독서 감상문 양식에 익숙해집니다. 형식에 익숙해지면 내용을 더욱 편안하게 쓸 수 있게 됩니다. 이때부터는 책을 읽은 후 자신의 생각과 느낌, 기억하고 싶은 부분들을 앞에서 제시한 형식의 틀에서 자유롭게 기록할 수 있습니다. 기존에 읽었던 비슷한 주제의 책과 비교한 내용을 쓸 수도 있고요. 자신의 경험과 연관 지어 글을 엮을 수도 있습니다. 이 정도 수준에 오면 아이들이 10분 글쓰기로는 부족하다고 아우성을 칩니다. 시간이 부족하니 시간을 더 달라고 해요. 평소에 아이들이 이렇게 글쓰기를 좋아했었나 하는 생각이 들 정도예요.

## 쓰기만큼 중요한 나누기

독서 감상문 쓰기에서 한 단계 더 나아간다면 독서 감상문 나누기 활동을 해 볼 수 있어요. 앞서 설명한 친구들과 함께하는 독서 동아리나 가정에서 함께 읽기를 한다면 꼭 실천해 보세요. 독서 감상문을 쓰고 끝내는 것이 아니라 한 사람씩 돌아가면서 자기가 쓴 글을 발표하는 활동이에요. 다른 친구들의 글을 접해 보는 것이 아이들의 글쓰기 실력 향상에는 가장 좋은 방법입니다. 그뿐만 아니라 책을 이해하는 깊이도 더 깊어져요. 친구들과 함께 질문하기로 이야기를 나누었지만 친구들이 문자로 표현해서 공식적으로 발표하는 글은 아이들에게 또 다른 울림을 줍니다.

이렇게 독서 감상문으로 정리한 책은 더욱 오랫동안 아이들의 기억 속에 남을 수밖에 없겠지요? 줄거리를 쓰면서 책의 전체적인 내용을 다시 생각해 보게 되고요. 인상 깊은 구절을 찾으면서 책을 빠르게 한두 번 넘겨 보게 됩니다. 이것은 책만 한 번 읽고 지나간 것과는 아이에게 주는 영향이 다를 수밖에 없습니다.

이렇게 '깊이 읽기 4단계'를 모두 살펴보았습니다. 2주에 1권 읽기가 절대 가볍지 않지요?

## 5부

# 초등 독서가
# 중·고등 학습의
# 기본기입니다

# 학원에서 선행 학습해도
## 점수가 떨어지는 아이

## 교육 과정에서 보여 주는 독서의 필요성

5~6학년이 되면 아이들은 평균적으로 방과 후 두 시간 정도 학원에 가서 공부를 하고 돌아와서 학원 숙제도 한다고 합니다. 이렇게 되면 독서에 쏟을 시간과 에너지가 상당히 적어지겠죠? 그런데도 책을 놓으면 안 되는 이유는 무엇일까요?

청소년기에는 추상적 사고와 비판적 사고 능력이 향상되며 아동기에 비해서 창의적이고 융통성 있는 사고가 발달합니다. 따라서 이때 아이들은 이상을 추구하고 진리에 대해 고민하고 종교, 철학,

역사, 과학 등에 대해 호기심을 갖고 깊이 탐구하게 됩니다. 거꾸로 말하면 청소년기는 이런 비판적 사고 능력과 추상적 사고를 발달시켜야 하는 시기라는 뜻도 됩니다. 이런 과정을 통해 평생을 살아갈 가치관을 형성하고 탐구 능력을 기르게 되는 것이지요.

중·고등학교 교육 과정도 이런 인지 발달 과정에 맞게 구성되어 있습니다. 특히 고등학교 교육 과정의 성취 기준을 보면 잘 알 수 있습니다.

> [12문학02-04] 작품을 공감적, 비판적, 창의적으로 수용하고 그 결과를 바탕으로 상호 소통한다.
> [12독서03-03] 과학·기술 분야의 글을 읽으며 제재에 담긴 지식과 정보의 객관성, 논거의 입증 과정과 타당성, 과학적 원리의 응용과 한계 등을 비판적으로 이해한다.

이런 인지 발달은 저절로 이루어지지 않지요. 그렇다면 효과적으로 이런 인지 발달을 이끌어 낼 수 있는 활동은 과연 무엇일까요? 두말할 것 없이 '독서'입니다. 독서 안 해도 시험 문제 풀이만 많이 하면 수능 만점을 받을 수 있다고요? 그런 학생들도 가끔 있지요.

과제 집착력과 우수한 공부 머리 유전자를 물려받은 아이가 몇 트럭 분량의 문제를 풀며 요령을 터득한다면 가능합니다. 하지만 그것이 교육의 궁극적 목표는 아닙니다. 대학에서 수능으로만 학생을 선발하지 않고 학교 생활 기록부의 다양한 활동 내용과 역량 평가를 보고 선발하려는 이유도 여기에 있다고 생각합니다.

아이가 평생 자양분으로 삼을 수 있는 사고력과 문해력, 독서를 통해 형성된 건강한 가치관과 탐구심이 수능 점수보다 더 큰 가치를 지니기 때문에 이 시기에 독서를 놓아서는 안 됩니다. 게다가 수능 또한 독서를 통해 형성된 사고력이 바탕이 된다면 당연히 잘 볼 수 있습니다. 덤인데 좀 많이 탐나는 덤이라고나 할까요?

이번 수능에서 국어 영역이 어렵게 출제되자 독서를 많이 했던 학생이 국어를 잘 봐서 백분위 98퍼센트의 훌륭한 성적을 받았더군요! 그 친구와 초, 중, 고 동창인 다른 친구가 하는 말이 이 친구는 어릴 때 책을 많이 읽었다는 점이 다른 아이들과의 차이점이라고 하더라고요. 심지어 수학을 공부할 때에도 공식을 이해하고 적용하는 과정에 문해력이 매우 크게 작용한다고 했습니다. 영어는 언어이니 더욱 그렇지요. 영어 독해를 해서 문제를 풀기 위해서는 글을 읽고 주제를 파악하는 역량, 복잡한 문장을 해석하는 역량이 꼭 필요한데 단어와 문법만 공부해서는 문제를 제대로 풀기 어렵습니다. 요즘은 어릴 때부터 영어를 배워서 미국 아이들 기준 중학생 수준 정도까지는 하는 친구들이 많아요. 하지만 한글 책 독서가 너무 부족해 영어 실력도 거기서 멈춥니다. 모국어 실력과 영어 실력 둘 다 중학생 수준에서 멈추니 수능 영어 문제를 풀거나 영어로 작문을 할 때 어려움을 겪지요. 영어에 들인 시간과 노력을 생각하면 정말 아깝다고 생각되는 아이들이 많았는데 답은 독서에 있었습니다. 반대로 한글 책을 많이 읽어 문해력이 뛰어난 아이들은 어떨까요? 선행 학습을 뒤늦게 시작했어도 금방 따라잡습니다. 주어진 시간 안에 정보를 이해하고 조직하는 능력이 뛰어나기 때문이지요.

결과적으로 어릴 때부터 영어, 수학 등 사교육으로 아이와 싸우느라 애쓸 것 없이 독서를 할 틈을 만들어 주고 책을 즐기는 아이로 키우는 것이 힘도 덜 들이고 아이가 공부를 더 잘할 수 있도록 돕는 방법입니다.

# 대입까지 통하는
## 어휘력 기본기를 잡아라

　고등학교 국어 시험에서 어휘 문제의 오답률이 의외로 높습니다. 어려운 문법 문제의 경우 학원에서 많이 공부하고 외워서 잘 맞히는 학생들이 어휘 문제를 왜 어려워할까요? 다음은 고1 국어 지필고사에 출제한 문제입니다.

> 자신의 소유물을 지키며 타인의 소유물을 빼앗을 수 있는 권력을 차지하는 것에서 행복을 ⓐ찾으려고 한다. … 소유적 실존 양식을 따르는 사람에게 학습은 권력 추구의 수단이 되지만 존재적 실존 양식을 ⓑ따르는 사람에게 학습은 내면의 새로운 사고를 촉발하는 과정이 된다고 보았다.

1. 다음 중 ⓐ와 ⓑ의 의미로 쓰인 예가 바르게 짝지어진 것은?

① ⓐ: 요즘에는 좋은 일자리를 찾기가 어렵다.

　ⓑ: 노래로는 그녀를 따를 자가 없었다.

② ⓐ: 언니는 도둑맞았던 반지를 찾았다.

　ⓑ: 그는 형수님을 매우 잘 따랐다.

③ ⓐ: 환절기라 병원을 찾는 사람이 부쩍 늘었다.

　ⓑ: 불의에 타협하지 않고 양심에 따라 살아야 한다.

④ ⓐ: 그들은 한국에서 자신의 뿌리를 찾고 싶었다.

　ⓑ: 헌법에 따르면 모든 국민에게는 표현의 자유가 있다.

⑤ ⓐ: 요즘은 수입품보다 국산품을 찾는 사람이 많다.

　ⓑ: 그녀는 잘 가꾸어진 숲길을 따라 그에게로 걸어갔다.

사전을 찾아보지 않고 문맥을 통해 어휘의 의미를 유추하여 푸는 문제인데 아이들이 이런 문제를 어려워하는 이유는 바로 이 '유추' 능력이 부족하기 때문입니다. 독서를 많이 한 학생이라면 딱히 어려움 없이, 미리 공부할 필요도 없이 맞힐 수 있는 문제인데 등급을 가르는 킬러 문제로 둔갑하는 현실이 참 씁쓸했던 기억이 납니다. 특히 '미리 공부하라고 하지 않은 단어예요', '학원에서 안 가르쳐 주셨어요'라는 원성이 자자했는데 아이들이 얼마나 수동적으로 공부하고 있는지 알 수 있어서 더욱 안타까웠습니다. '암기'보다 '유추'가 훨씬 고등 사고 능력이라는 사실은 누구나 다 아는 것이지요. 수능 문제들이 대부분 이 유추 능력을 측정하기 위해 만들어져 있습니다. 그렇다면 초등 고학년 시절부터 이런 유추 능력을 기르려면 어떻게 해야 할까요?

다양한 분야의 어휘와 문맥을 통해 어휘의 의미를 유추하는 능력을 자연스럽게 익히는 방법은 바로 독서입니다. 특히 소설을 읽는 과정에서 거부감 없이 익힐 수 있습니다. 지식을 직접적으로 다룬 책을 읽을 때와 달리 이야기를 통해 그 어휘의 주변을 함께 받아들일 수 있기 때문이지요. 만화책이나 웹 소설, 판타지물에는 어려운 어휘가 많지 않아 아이들이 술술 읽는데 일반적인 고학년용 소설이나 청소년 도서에는 어려운 어휘가 나오기 마련입니다. 특히 역사나 예술, 과학 등을 소재로 한 소설들에는 더 많이 나오지요. 이럴 때 거부감을 느끼는 아이들을 잘 설득하여 한 발씩 나아가는 기쁨을 느낄 수 있게 도와주세요.

## 무작정 외우지 않고 어휘 익히는 법

보통의 소설에서는 모르는 어휘가 나오더라도 대부분 문맥을 토대로 그 의미를 짐작할 수 있습니다. 그래서 처음부터 모르는 어휘를 일일이 사전에서 찾기보다는 우선 체크를 해 두고 문맥을 통해 이해해 보려고 노력한 다음 찾아보거나 물어보는 것을 추천합니다. 모든 어휘를 다 정리하라고 하면 아이들이 힘들어하니 가장 중요해 보이는 단어 몇 개만 골라 적으라고 해도 되고 적지 않고 그냥 찾아보고 넘어가도 됩니다. 다음 페이지 그리고 다음 소설에서 그 어휘는 분명 또 나올 것이고 이런 작업이 반복되다 보면 자연스럽게 그 어휘의 의미를 습득하게 되기 때문입니다. 여기서 부모님의 역할은 아이가 알고 있는 쉬운 단어로 바꿔 설명해 주거나 예시를 들어 주는 것입니다. 사전적 의미만 파악하면 곧 잊기 쉽기 때문입니다.

아이가 '견제'라는 말을 모른다고 했다면 '한쪽이 지나치게 세력을 펴거나 자유로운 행동을 하는 것을 못하게 억누름'이라고 사전적 의미를 읊어 주기보다는 앞뒤 문장을 보시면서 'A가 왜 견제한다고 했을까?', '어떤 상황이었어?', '그러면 A는 B를 어떻게 생각하니? 등의 질문을 던지면서 아이 스스로 '견제는 뭔가 상대를 누르고 싶고 막고 싶고 그런 거구나' 하는 깨달음을 얻을 수 있게 유도한 다음에 사전적 의미를 이야기해 주고 다양한 사례를 만들어 보게 하면 좋습니다. 더 나아가서 며칠 후 견제라는 단어를 일상에서 우연을 가장하여 또 사용하면 좋겠지요? 예를 들어 농구하러 가는 아이에게 "오늘 상대편이 너를 견제하려고 할 거야"라고 말을 건네는 식으로요. 유아들이 영어 공부를 할 때 보통 이런 식으로 '노출'을 통해 자연스럽게 단어를 익힙니다. 어려운 우리말 단어에도 이 방식이 잘 통하고요. 물론 매 순간, 매 단어를 이렇게 습득할 수는 없지만요.

요즘은 《EBS 어휘가 독해다!》 같은 어휘 교재가 따로 나오기도 합니다. 독서를 통해 자연스럽게 습득하던 어휘를 이렇게 따로 교재를 통해 익혀야 한다는 사실이 씁쓸하기도 하지만 사전처럼 활용하거나 방학에 한 페이지씩 넘겨 봐도 괜찮습니다. 외우게 할 필요는 없습니다.

## 한자 어휘

한자 공부 또한 당연히 어휘력 향상에 도움이 됩니다. 하지만 강요할 필요는 없고 어려운 어휘를 사전에서 찾아볼 때 한 번씩 어떤 한자로 이루어진 단어인지 보게 합니다. 이를테면 '분절'이라는 단어를 설명하면서 '나누다 분分'이라는 한자를 활용한 다른 예로 '분배'도 있다고 이야기해 주는 식으로 알려 주면 좋습니다. 한자를 쓰고 읽을 수 없어도 해당 어휘에서 그 한자가 어떤 의미를 갖고 있는지 알 수 있도록 말이지요.

저학년부터 한자 급수도 따고, 학습지도 꾸준히 하고 분명 배운 글자인데 왜 까먹었느냐고 아이를 타박하기도 하고 걱정도 하는데, 한자를 어린 시절에 낱글자로 외운 아이들은 상당히 많은 글자를 잊어버립니다. 한자 급수가 높은데도 기억이 안 난다고 하더라고요. 어휘 속에 녹아 있는 한자의 의미는 글 속에서 익혀야 제대로 익힌 것이 됩니다.

예를 들어 '의상', '의복'이라는 단어가 '옷 의衣'를 활용한 단어라는 걸 알아야 하는데, 한자 '옷 의'만 따로 기억하고 있다면 아무 의미가 없겠죠? 국어 어휘를 어느 정도 알고 있을 때 한자도 의미 있게 쓸 수 있고 기억에 오래 남습니다. 너무 어린 시절부터 한자 학습에 시간과 노력을 낭비하지 말고 중학교 1학년 정규 교육 과정에 나오는 때부터 해도 늦지 않습니다.

## 생활 속에서 어휘력 쌓기

또 하나, 자신보다 인지적으로 발달한 성인이나 선배와의 대화를 통해서도 아이들의 어휘력이 많이 성장합니다. 또래와의 대화도 좋지만 부모님과의 대화, 다양한 성인과의 대화, 선배와의 대화가 중요합니다. 성인을 대상으로 만들어졌지만 내용이 훌륭한 강의 영상이나 다큐멘터리를 아이와 함께 보며 설명도 해 주고 의견도 나눠 보세요. 분명 가랑비에 옷 젖듯이, 낙숫물이 바위를 뚫듯이 아이의 어휘력이 성장한 것을 볼 수 있을 겁니다.

# 소설 읽기:
## 문제 해결 능력을 기른다

    문학 작품을 꼭 읽어야 하는 이유는 간단합니다. 문학은 재밌기 때문에 아이들에게 책 읽는 즐거움을 느끼게 해 준다는 것, 그리고 문학을 통해 자아와 세계에 대해 성찰하고 타인의 정서에 공감하는 법을 배워 성숙하면서도 심성이 고운 어른으로 자랄 수 있게 해 준다는 것입니다.

    '혐오와 차별'에 관한 내용을 사회 시간에 배우고 왜 차별하면 안 되는지에 대한 글도 읽었는데도 "나의 세금을 장애인들을 위한 복지 정책에 쓰는 것이 아깝다"라고 이야기했던 학생이 있습니다. 하지만 장애인으로서 겪는 차별을 다룬 소설을 읽고 나서는 생각이 바뀌었다고 하더군요. 거듭되는 실패로 자존감이 낮아져 힘들어하던 친구가 수필을 읽고 기운을 내서 자신을 사랑하고자 결심했다며 친구들에게 책을 추천하던 순간도 잊을 수 없습니다. 우리는 문학을 통해 타인의 아픔에 공감할 수 있고 세상을 보는 가치관을 만들며 위안을 받습니다. 덩달아 긴 글을 읽는 힘, 문해력도 키우고 꾸준히 책을 읽는 독서가로 성장한다면 정말 더 바랄 것이 없게 됩니다.

요즘은 스마트폰의 영향으로 조금 긴 소설을 읽을 때 쉽게 집중하지 못하거나 아무 생각 없이 죽 읽기만 하고 내용을 파악하지 못하는 아이들이 많습니다. 집중력이 약하거나 어휘력, 생각하며 읽는 연습이 부족한 경우 특히 어려움을 겪지요. 시간을 두고 차근차근 쉬운 책부터 읽어 나간다면 자연스레 극복이 되기도 하지만 도와줄 수 있는 방법을 간단하게 설명해 드리려고 합니다.


## 인물


문학 작품에서 가장 중요한 것 중 하나가 바로 인물입니다. 이 인물은 어떤 성격을 가지고 있을까, 앞에 나온 인물과 어떤 관계일까, 나라면 이 상황에서 어떻게 행동했을까 등을 생각하며 읽으면 소설의 내용을 쉽게 이해할 수 있지요. 인물이 많이 나오는 소설이라면 인물 관계도를 간단히 그려 보는 것도 도움이 됩니다. 드라마 주인공 관계도를 예시로 보여 주고 비슷하게 그려 보도록 하면 재미있어 할 거예요.

이후에도 초등학교에서 배운 것들이 확장되고 깊어지는 것뿐이므로 초등학생 때 제대로 다져 놓아야 합니다. 학원에서 배운 어려운 개념은 잘 아는데 오히려 기본적인 것을 모르는 학생들이 많아 놀랐던 적이 있습니다.

고등학교 1학년 국어 시험에서 수업 시간에 학습한 지문과 학습하지 않은 지문을 나란히 놓고 두 개의 문제가 출제된 적이 있습니다. 한 문제는 두 지문에서 인물의 성격을 제시하는 방법이 어떻게 다른지 서술하는 문제였고, 나머지 하나는 수업 시간에 학습하지 않은 지문에 등장한 인물의 성격을 서술하는 문제였습니다. 인물의 성격을 파악하는 방법과 인물의 성격을 제시하는 두 가지 방법을 학습했으므로 두 문제 모두 학생들이 쉽게 해결할 수 있는 질문이라고 생각하여 낸 문제였습니다. 학생들은 의외로 더 쉬울 것이라 예상한 두 번째 문제를 어려워했습니다. 어렴풋이 느낌이 오지만 인물의 성격을 어떤 말로 표현해야 할지 몰라 적기가 어려웠다고 하더군요. '고집이 세다', '자신의 의견을 강하게 밀어붙이는 지조 있는 성격이다' 등의 간단한 표현이면 되는데 학생들은 왜 이런 표현을 어려워했을까요?

우선 수업 중에 깊이 생각해 보지 않고 그냥 다른 친구들의 필기만 적어 놓은 학생들의 경우 인물의 성격을 스스로 파악하지 못합니다. 배운 소설에 나오는 인물의 성격만 아는 거죠. 응용이나 적용 자체를 어려워하기 때문에 수능에는 더 취약하고 최근에는 내신 시험도 수능과 같은 형태로 적용을 강조하므로 이 역시 어려워합니다. 두 번째로 '성격'을 '생각'으로 오해한 경우가 있었습니다. '유교 사상을 가지고 있다'와 같은 답을 적은 거지요. 성격과 생각은 정말 다른 말인데 시험 시간에 당황하기도 하고 지문에 인물의 사상이 잘 드러나 있으니 오해한 듯합니다. 세 번째로 인물의 성격을 파악했는데 그것을 적절한 단어로 표현하지 못하는 학생들도 굉장히 많았습니다. 이런 학생들은 평소 자신의 말로 생각을 표현해 보는 연습을 해야 합니다. 이것은 국어 교육에서 굉장히 중요한 목표입니다. 인간관계에서도 정말 중요하지요? 평소에 아이들과 대화를 많이 나눠서 의식적으로 아이가 자신의 생각과 마음을 구체적으로 명확하게 표현할 수 있게 도와주세요.

《42가지 마음의 색깔》,《아홉 살 마음 사전》과 같이 저학년이 읽는 책들만 봐도 자신의 감정을 표현하는 다양한 단어들이 나오지만 아이들이 이런 단어를 실제로 사용하는 경우가 많지 않아요. 이런 그림책도 정말 좋고 소설도 큰 도움이 됩니다. 소설을 읽다 보면 독자가 뭐라고 설명하기 힘들었던 아주 복잡한 마음을 작가가 마치 독자의 마음을 들여다본 듯 명확하게 표현해 놓은 부분들이 많습니다. '그래! 내가 그때 느낀 그 마음이 이런 거였어!'라고 느낄 때 위로를 받아 신기하게도 상처가 회복되기까지 합니다. 이런 경험을 하게 되면 아이들은 자신의 감점과 생각을 표현하는 방법을 스스로 배우게 됩니다. 아이와 수시로 책 대화를 나누면 금상첨화지요.

## 사건과 배경

사건과 배경을 파악해야 소설을 제대로 이해할 수 있겠죠? 가장 핵심이 되는 사건을 중심으로 이 사건이 어떻게 해결되어 가는지를 염두에 두고 읽으면 내용 파악을 쉽게 할 수 있습니다. 고전 소설을 읽을 때는 여러 사건이 복잡하게 얽히거나 과거의 사건과 현재의 사건이 교차되는 경우가 자주 보이는데 시간 순서대로 메모해 보면 사건 파악에 도움이 됩니다.

배경은 고전 소설이나 역사 소설, 공상 과학 소설을 읽을 때 조금 더 신경 써 주면 좋아요. 그 외의 소설은 주인공이 사는 지역의 특징이나 시대적 배경 정도만 간단히 파악하고 읽으면 됩니다. 저는 개인적으로 역사 소설을 좋아해서 같은 역사적 배경을 지닌 소설을 여러 편 찾아서 읽기도 하고 영화나 드라마를 보거나 소설에 나온 인물을 백과사전에서 찾아보기도 했어요. 이 과정에서 자연스럽게 역사 공부, 철학 공부, 지리 공부도 하게 됩니다. 만화책이지만《베르사이유의 장미》를 읽고 프랑스 혁명에 대해 찾아보며 읽은 것들은 30년이 지난 지금도 생생하게 남아 있어요.《그리스 로마 신화》를 읽고 세계 지도를 찾아보던 기억도 납니다. 청소년기에는 친구와 함께《태백산맥》같은 긴 대하소설을 읽었는데 다 읽어 버리면 아쉬울 것 같아 아껴 읽었던 기억이 나네요. 지금 생각하면 그때 50퍼센트 정도밖에 이해하지 못하면서도 다 이해한 줄 알고 감동받고 등장인물에 대해 이야기하며 즐거워했어요. 초등학교 시절에는 이 정도로 호기심을 충족하는 정도로 만족해도 좋고 조금 더 깊이 나 간다면 '이런 배경을 설정한 의도는 무엇일까?', '이 사건의 배경이 여름이 아니라 겨울이었다면?'과 같은 질문에 대해 생각해 봐도 좋 겠습니다.

중학교 교과서에 실린 고전 소설《박씨전》을 잠시 살펴보면 '광 해군의 중립 외교 → 정묘호란 → 병자호란 → 삼전도의 굴욕 → 소 현세자 이야기 → 박씨의 활약' 이런 식으로 사건이 전개됩니다. 아 이들이 소설을 읽으면서 지금 어떤 일이 벌어지고 있는지를 파악하 는 정도가 초등에서 요구되는 능력이라면 중학교, 고등학교에 가서 는 그 사건이 지닌 의미, 인물에게 미치는 영향, 주제와의 상관관계 등 한층 더 깊은 이해가 필요하지요. 박씨전이 수능에 출제되었을 때의 선택지 중 하나는 단순히 어떤 사건이 일어났는지가 아니라 그 사건의 진행이 지닌 의미와 작가의 의도를 파악하고 있어야 고 를 수 있는 것이었습니다.

초등 고학년 정도라면 소설의 사건을 파악하면서 한 번쯤은 작 가의 입장에서 왜 이런 전개를 택했을까를 상상해 볼 수 있을 것이고 그런 과정이 쌓여 진짜 문해력과 문제 해결 능력이 길러집니다. 줄거리와 인물, 주제를 암기하는 학습 방법은 절대 추천하지 않습니다. 물론 많은 작품을 접해 보면 당연히 도움을 받을 수 있지만 궁극적인 목표는 처음 보는 작품이 나와도 풀 수 있도록 문해력과 유추할 수 있는 능력을 키우는 것이므로 양보다 질을 추구해야 한다는 것 잊지 마세요. 한 작품을 읽어도 생각하며 읽는 것, 깊이 읽는 것이 중요합니다.

중·고등학교에서는 이렇게 인물, 사건, 배경을 작품의 주제와 함께 연결해 분석한 것을 바탕으로 자신의 감상을 더해 독서 감상문이나 서평을 쓰는 수행 평가가 많이 이루어집니다.

검색만 하면 나오는 줄거리와 두어 줄의 감상만 적는 것은 부족하지요. 인물의 특징, 사건의 의미, 배경의 의미, 그리고 이것들이 주제를 어떻게 표현하고 있는지를 구체적으로 짚어 보고 감상을 더해야 합니다. 이런 글을 쓰려면 초등 시절부터 짧더라도 자주 글을 써 보는 것이 중요합니다. 독서를 2주 1권 한다면 4주에 한 번은 그동안 읽은 책 중 한 권을 정하거나 또는 그 두 권이 비슷한 주제를 담은 책이라면 두 권을 엮어서 독서 감상문을 적어 봐도 좋습니다.

물론 아이가 부담을 느끼지 않는다면요. 전략적으로 아이의 생일에 긴 편지를 써 준다거나 책을 읽고 느낀 점을 적은 노트를 공유하면서 글을 쓰는 일이 즐거운 일이라는 분위기를 만들어 주는 것도 큰 도움이 됩니다.

## 질문하며, 이야기 나누며 읽기

요즘 '슬로리딩'이라는 말을 많이 하지요? 한 권을 읽어도 제대로 읽자는 움직임 중 하나인데 이렇게 천천히, 깊이 소설을 읽기 위해서는 읽으면서 중간중간 잠시 멈추고 머릿속에 떠오르는 고민이나 다른 사람과 이야기 나누고 싶은 주제를 질문으로 만들어 보면 좋습니다. 이 과정을 통해 인물의 마음이 공감하고 작가의 의도와 주제를 찾아낼 수 있지요.

예를 들면 《마당을 나온 암탉》을 읽으면서 '잎싹이 용기를 내서 닭장을 뛰쳐나간 것처럼 나도 용기를 내서 도전해 보고 싶은 일이 있나?'와 같은 질문을 만들어 생각해 본다거나 '마지막 장면에서 잎싹은 잡아먹힐지도 모르는데 왜 눈을 감고 가만히 서 있지?'와 같은 질문에 스스로 답해 본다면 인물의 감정에 공감하는 역량을 키울 수 있습니다.

책 모임이나 부모님과의 책 대화 시간을 통해 이렇게 질문을 만들고 서로 답해 보는 시간을 꼭 가져 보세요. 책을 정말 '제대로' 읽을 수 있습니다. 아이들은 어떤 인물을 가장 좋아하는지, 왜 그 인물이 좋은지, 이 행동이 왜 옳은지와 같은 간단한 질문에 답하는 과정에서 스스로 자신의 가치관을 찾기도 하고 다른 사람을 더 깊게 이해하기도 합니다. 어린 시절 친구와 소설 속 남자 주인공 중 어떤 사람이 가장 마음에 드는지 열을 올리며 이야기했던 기억, 혹시 없으신가요?

중학교, 고등학교 국어 시간에 소설을 공부할 때도 늘 이 '질문 만들고 친구들과 이야기하면서 주제와 작가의 의도 찾기' 연습을 많이 한답니다. 특히 '작가의 의도 유추하기'는 수능 문제를 풀 때도 가장 중요한 열쇠가 됩니다. 그냥 이 '이야기가 재미있었다', '이 주인공 마음에 든다'와 같은 감상을 넘어 '작가가 무엇을 전하고자 이 이야기를 썼을까?'를 유추해 보면 어려운 소설도 이해할 수 있고 문제도 풀 수 있기 때문입니다.

## 활동 예시

성석제 작가의 소설 《투명인간》을 읽고 모둠별로 질문 만들기 수업을 한 예시를 보여 드릴게요.

질문 만들기 수업 예시

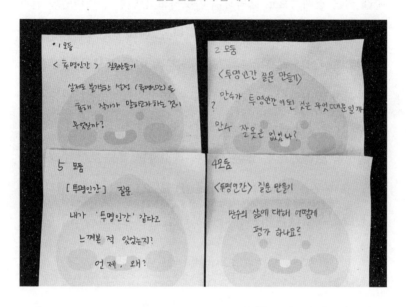

같은 소설을 읽었지만 조금씩은 다른 질문들을 만들었지요? 서로의 질문을 보며 좋은 질문도 뽑아 보고 질문들에 답하며 소설의 주제도 생각해 보는 활동입니다. 좋은 질문을 만들 수 있다는 것은 책을 건성으로 읽지 않고 비판적으로 이해하면서 깊이 성찰하고 있다는 증거입니다.

소설 《순례 주택》을 읽고 책 대화 활동을 할 때였습니다. 주인공 순례 씨는 경제적으로 넉넉하며 따뜻하고 강인한 할머니인데 친자식도 아닌 사람들에게 선의를 베풉니다. 그런데 '순례 씨는 왜 이 사람들에게 선의를 베풀었을까?'라는 질문에 어떤 학생이 '자신의 부를 과시하고 싶어서'라고 답했습니다. 이야기를 나눠 보니 자신의 입장에서 생각해 본 것이라고 하더군요. 그래서 '그럼 작가는 왜 이런 설정을 했을까?', '돈 많은 사람이 과시하는 것을 보여 주려는 걸까?'라고 질문을 하니 다시 생각해 보더라고요. 한 번 더 생각하는 습관, 다른 사람들과 이야기 나눠 보는 습관이 참으로 중요합니다.

## 메모(표시)하며 읽기

문학 작품을 읽으며 마음에 와닿은 표현이나 곱씹어 보고 싶은 부분에 표시하고 메모하며 읽으면 집중도 잘 되고 더 깊이 음미할 수 있습니다. 시뿐 아니라 소설의 한 구절이나 단락을 필사해 보면 정말 위안을 받을 수 있답니다. 나중에 함께 읽은 친구나 부모님과 이야기 나누기에도 좋겠죠? 급할 때는 마음에 담고 싶은 문장을 사진으로 찍기도 하는데 어떤 방식으로든 기록을 남기는 습관은 더욱 애정을 가지고 작품을 읽을 수 있는 좋은 방법입니다.

아이들이 좋아하는 학용품을 이용해 보는 것도 좋습니다. 교실에서 아이들과 점착 메모지에 중요 내용을 요약하여 붙이기를 해 보면 평범한 메모지를 사용했을 때보다 아기자기한 메모지를 붙일 때 더 정성을 들이고, 쓰고 싶어 합니다. 과소비하지 않는 범위 내에서 디자인이 예쁜 소품을 사용하는 것도 추천합니다. 또, 인터넷 쇼핑몰에 파는 메모지 중, 글쓰기에 도움이 되는 메모지도 다양하게 나와 있습니다. 육하원칙이 표시된 메모지, 배운 내용이 무엇인지 정리하는 메모지 등을 사용하는 것도 추천합니다.

## 기록하기

독서 감상문이나 활동지로 기록을 남기면 나중에 자신이 읽은 책을 확인할 수도 있고 자신의 독서 성향을 파악할 수도 있어 좋습니다. 하지만 독서 기록을 강요하면 독서 자체에 대한 거부감이 생길 수도 있기 때문에 아이가 원하는 경우에만 간단하게 남기는 것을 추천합니다.

중학교에서 고등학교에 진학할 때 특수 목적 고등학교는 독서 기록을 중요하게 보기도 합니다. 여러 권 기록해 두고 나중에 생활 기록부에 올릴 책을 골라 봐도 좋고 면접을 준비할 때 활용해도 좋습니다. 고등학교에 가서도 다양한 독서 경험을 바탕으로 자율 활동, 진로 활동, 교과 활동 등을 해야 하므로 책을 읽고 기록하는 습관을 갖는다면 여러모로 큰 자산이 될 것입니다. 다양한 독서 기록용 앱을 활용해도 좋습니다.

# 시 읽기:
## 비유와 상징으로 생각을 넓힌다

　문학의 여러 갈래 중 시를 특별히 어려워하거나 싫어하는 아이들이 많아 시를 어떻게 읽으면 좋을지를 따로 다뤄 봅니다. 시는 작가가 말하고 싶은 것을 비유와 상징, 감각적 표현, 운율을 가진 언어로 표현하는 문학입니다. 뭐든지 '확실하게', '빨리!'를 외치는 요즘 세상에는 어쩌면 맞지 않을지도 모르겠습니다. 대체로 시를 어려워하는 아이들은 시에서 무엇을 말하려 하는 것인지 모르겠다고 이야기합니다.

## 감수성뿐 아니라 유추 능력까지

시를 시답게 만들어 주는 핵심 요소, '비유와 상징'에 대해 생각해 봅시다. '비유와 상징'은 우리가 일상생활에서 나의 감정을 상대에게 더 실감 나게 전하고 상대에게 내 감정을 공감받고자 할 때 중요한 역할을 하고 있습니다. 아이들이 눈치채지 못하고 있을 뿐, 우리는 따로 배우지 않아도 '나는 슬프다'보다 '나는 새로 산 운동화를 하루 만에 잃어버린 것처럼 슬프다'와 같이 비유적 표현을 사용하면 더 생생하게 내 슬픔을 전한다는 것을 알고 있지요.

이런 사고 과정을 되짚어 가면서 시인이 표현하려던 마음이 무엇이었을지 유추하는 과정을 통해 시를 이해하게 될 뿐 아니라 이렇게 키운 유추 능력으로 시가 아닌 다른 글을 읽을 때도 '유추'를 적용할 수 있지요. 또 타인의 감정에 대한 공감 능력도 키울 수 있고 덩달아 어렵고 추상적인 개념도 이해하는 힘이 생깁니다. 그런데 이 부분에서 '문학은 답이 애매하고 자기 맘대로라서 싫다. 나는 내 답이 왜 틀렸는지 모르겠다'라고 주장하는 학생들이 많습니다. 물론 수학이나 과학처럼 딱 떨어지는 명쾌한 논리로 문학을, 특히 시를 설명하기는 어렵지요. 하지만 유추를 통해 시를 이해하는 데에도 그 나름의 객관적 지표가 있습니다. 물론 독자가 스스로 자유로이 감상하면 되는 예술을 이리저리 파헤치고 분석하는 것이 그리 즐거운 일은 아닙니다만, 그 과정을 통해 다른 시를, 다른 사람의 마음을 더 잘 이해할 수 있을 것이라는 생각을 해 봅니다.

먼저 시를 읽고 시의 화자가 어떤 상황에 처해 있는지 생각해 보고 설명해 보게 합니다. 그다음 시적 화자가 느끼고 있는 감정(정서)이 무엇인지 파악하게 합니다. 여기에서 어떤 시어를 보고 그렇게 생각했는지 물어본다면 더 좋겠지요? 그다음 시적 화자의 감정 등을 잘 드러내는 독특한 표현 방법을 찾아보고. 주제를 문장 또는 단어로 표현해 보게 합니다.

그럼 수능 시험에도 출제된 정끝별 시인의 〈가지가 담을 넘을 때〉를 감상해 볼까요? 시적 상황을 그림으로 표현한다고 생각하며 가지가 담을 넘는 장면을 상상해 보세요. 가지가 높은 담을 넘는다는 건 상상만 해도 참 어려워 보이네요(시적 상황). 굉장히 오래 걸리니까 인내심도 필요하고 용기도 필요하겠죠. 그럼 가지 입장에서는 막막하기도 하고 두렵기도 하겠네요(정서). 그런데 담을 넘는 것은 가지만의 일이 아니래요. 즉 가지 혼자서만 할 수 있는 일이 아니래요. 왜냐하면 뿌리와 꽃, 잎이 믿어 주었기에 가능한 일이기 때문이죠. 시인이 가지가 담을 넘는 상황을 보면서 시로 뭘 말하고 싶었을까(주제)가 벌써 느껴지지 않나요? 여기에서 '담'이라는 시어는 우리 인간의 입장에서 보면 어떤 '시련'을 상징한다고 볼 수 있겠죠. 그리고 이 시련을 극복하기 위해서는 '뿌리'와 '꽃과 잎'이라는 나를 믿어 주는 또 다른 존재도 필요하다는 것이 핵심입니다. 시련을 극복하려면 용기와 연대, 서로 간의 신뢰가 필요하다!

이런 연습을 거듭한다면 처음 보는 시를 만나도 아마 여유 있게 감상할 수 있을 것입니다. 청소년들의 솔직한 감정을 노래하여 공감하기 좋으면서 어렵지 않은 시들이 수록된 시집이 많이 나와 있으니 활용해 보세요. 아이들이 좋아하는 대중가요의 가사도 시라고 볼 수 있으니 함께 노래 가사에 대해 이야기를 나눠 보는 것도 좋습니다. 특히 노래 가사에서는 운율이 아주 잘 느껴지지요.

《어린이 마음 시툰》,《청소년 마음 시툰》처럼 시적 상황을 웹툰 형식으로 풀어 놓은 책도 참 좋습니다. 부모님에게는 《시를 잊은 그대에게》와 같이 시에 대한 감상을 적은 에세이를 추천합니다. 시를 즐겨 읽지 않는 사람들도 감동과 위안을 받을 수 있는 책입니다.

# 비문학 읽기:
## 교육의 궁극적 목표인 분석력과 논리력

　비문학 책 읽기의 중요성이야말로 설명할 필요가 없지요? 가깝게는 교과서 읽기도 비문학 독서이고 신문 기사, 사용 설명서, 대학 입시는 물론 대학 진학 이후에도 많은 지식을 비문학 책으로 배워야 하기 때문에 비문학 글을 읽는 것은 우리 삶에 있어서 정말 중요합니다. 정확한 정보를 찾아내고 논리적으로 분석하는 일, 주어진 정보나 필자의 주장을 자신의 가치관에 비추어 비판적으로 받아들이는 일, 더 나아가 이를 통해 성찰하고 탐구한 것들을 글 또는 말로 표현하는 일까지. 모든 교육의 궁극적 목표를 달성하기 위해 필수적인 역량을 독서로 키울 수 있습니다.

## 성적이 자라는 비문학 도서 읽기

초등 고학년 시기에는 특히 교과서에서 배운 내용을 좀 더 알고 싶을 때 비문학 도서들이 유용합니다. '○학년 교과 연계 도서'라고 만 검색해도 금방 찾을 수 있고, 한우리독서토론논술 추천 도서나 학교도서관사서협의회 추천 도서, 어린이도서연구회 추천 도서 목록을 통해서도 찾을 수 있습니다. 예를 들어 5학년 1학기에 '인권 존중과 정의로운 사회' 단원을 학습하고 《카카오 농부는 왜 초콜릿을 사 먹지 못할까?》라는 책을 읽으면 교과서에서 배운 공정 무역이나 인권 문제에 대해 구체적으로 이해할 수 있고 실제 아이가 생활 속에서 접하는 상황에 적용할 수도 있어 큰 도움이 됩니다.

과학 시간에 기후에 대해 배운 뒤 《보고 듣고 생각하는 날씨의 과학》을 함께 읽으며 수업 시간에 배운 것 중 이해가 되지 않았거나 더 깊이 알고 싶었던 부분에 대해 이야기를 나누니 훨씬 재밌다고 하더군요. 아이가 흥미를 느끼면 여기에서 그치지 말고 관련 분야의 책들을 굴비처럼 엮어 봅시다. 스스로 도서관에서 찾아보게 하거나 검색해 보게 해도 좋고 같은 작가의 다른 책을 찾아보게 해도 좋습니다. 이런 과정에서 아이가 적성을 찾고 진로 계획을 세운다면 그것도 좋고요. 자신이 좋아하는 것을 탐닉할 때 집중력이 가장 발달한다는 것 잊지 마시고 충분히 즐길 수 있도록 도와주세요.

아이에게 학교에서 무엇을 공부하고 있는지 물어보시거나 교과서를 가끔 가져오게 하셔서 학교에서 배우고 있는 내용이 무엇인지 꼭 확인해 보세요. 요즘은 교과서를 사물함에 놓고 다니고 워낙 학원 숙제에 치이니 부모님이 아이가 학교 수업에서 무엇을 배우는지 잘 모르는 경우가 많습니다. 선행 진도보다 지금 배우고 있는 것을 얼마큼 소화했는지가 사실은 더 중요합니다. 입시를 목적으로 한다고 해도 마찬가지입니다. 다양한 과목의 기초 내용, 기본 개념을 초등학교 때 잘 습득하고 중학교로 올라가야 이후 본격적으로 공부를 시작할 때 잘할 수 있습니다. 아이가 배우고 있는 내용을 확인한 다음에는 그 학습 내용과 관련된 지식을 확장할 수 있는 책으로 눈을 돌리면 됩니다. 정말 너무 시간이 없으면 방학을 이용해도 좋고 책을 다 못 읽어도 좋습니다. 일단 시도하고 이런 책도 있다, 교과서에서 간단하게 이야기한 이 개념이 사실은 이런 배경으로 등장한 것이다 정도만 알게 되어도 좋습니다.

주의해야 할 점은, 비문학 도서를 읽으며 필기를 하게 한다거나 지식을 얼마나 습득했는지 확인하지 말아야 한다는 것입니다. 그렇게 되면 부담스럽고 공부 같아서 책 자체를 싫어하게 되거든요. 전체를 다 읽지 않아도 되고 읽고 잊어버려도 되니 그냥 쓱 본다 생각하고 인상 깊거나 호기심이 생기는 부분을 집중해서 읽도록 하면 아마 스스로 재미를 붙일 것입니다. 어떤 아이는 어릴 때 사 둔 과학백과 같은 전집을 어릴 때는 거의 읽지 않더니 고학년이 되어 필요한 부분만 찾아서 읽으며 이것도 꽤 괜찮은 책이었다고 이야기했던 적도 있었습니다.

단, 모르는 단어나 개념이 나올 때 스스로 검색해서 찾아보는 과정은 중요합니다. "인권이 뭘까? '인간이 가지는 권리'겠지? 그럼 '권리'는 정확히 무슨 뜻이지?", "개발 도상국은 어떤 나라지?", "노동이 정확히 뭐지?" 이런 식으로요. 어린이를 위한 책이라도 그 수준이 다양해서 때로는 아이가 모르는 개념이 나올 수 있기 때문입니다. 적어 놓지 않더라도 꼬리에 꼬리를 물고 이해할 수 있을 때까지 찾아보는 과정에서 배움이 일어납니다. 이 부분에서 부모님의 역할이 중요하지요. 아이가 이해하기 쉽도록 예를 들어 주거나 일상에서 어떻게 적용되는지 이야기를 나눈다면 아이는 절대 그 내용을 잊지 않을 겁니다.

## 나무보다는 숲을 보기

초등학생 때에는 특히 단원 평가 점수보다 아이가 얼마만큼 그 내용에 흥미를 가지고 공부했느냐가 더 중요하다고 생각합니다. 단원 평가에서 틀린 문제는 같이 돌아보고 부족한 부분을 채우면 되지만 호기심이 없고 기계적으로 공부하는 태도는 앞으로 남은 공부 인생에 큰 걸림돌이기 때문이지요.

영어, 수학 과목의 선행 학습에 치중된 공부를 하는 학생들이 중·고등학교에 가서 사회, 과학 과목을 어려워하는 경우가 많습니다. 도덕 교과서를 들고 와서 조사 빼고 나머지 단어의 뜻을 다 모르겠다고 하거나, 사회는 학원에서 배우지 않아서 못하는 거라고 이야기하는 것을 듣고 충격을 받은 적도 있지요. 어떤 학생들의 성적표는 영어와 수학은 90점, 사회와 도덕은 70점이었고 고등학교 진학 후에는 영어와 수학마저도 90점이 나오지 않더군요. '학원 숙제만 하면 공부는 끝이다', '책 읽을 시간은 없다'와 같은 잘못된 공부 방법이 가져온 결과입니다.

마지막으로 비문학 책을 읽을 때는 '이 책이 내가 원하는 정보를 담고 있는가?'를 알아내는 능력을 키운다면 70퍼센트는 성공이라고 생각합니다. 관심사에 맞는 책을 검색한 후 그 책의 차례와 책 소개, 독자들의 후기를 보고 스스로 판단하는 능력을 키운다면 자기 주도 학습이 된다는 이야기니까요! 물론 차례 사이의 '의미 구조'를 파악하는 것이 초등학생에게는 어렵습니다. 하지만 책을 고르고 읽고 평가해 보는 과정을 통해 이런 능력이 길러질 테니 책을 읽는 동안 맨 처음 독서의 목적이 무엇인지 항상 염두에 두고 읽을 수 있게 도와주세요.

아이가 공부 자체에 재미를 붙일 수 있도록 책을 통해 호기심을 자극하고 생각의 범위를 넓혀 주세요. 그러면 이후 공부도 더 잘 할 수 있습니다.

부록

# 부모님이 가장 궁금해하는 질문

**Q.** 문학과 비문학의 이상적인 독서 비율은?

**A.** 정답은 없습니다만 문학을 많이 읽으며 '이야기'의 매력에 빠지는 아이들이 독서 자체에 흥미를 가지고 임할 것이라는 생각은 듭니다. 문학을 좋아하는 아이들은 필요에 의해서만 비문학 책을 꺼내 들곤 하는데 이미 문해력이 발달해 있으므로 비문학 책에서 정보를 습득하는 일에 어려움을 겪지는 않지요. 또 문학이라는 것은 상당히 다양한 인간의 삶을 다루고 있어서 감동뿐 아니라 지식도 많이 얻을 수 있습니다. 주인공이 하는 일이나 당시 사회의 역사적 배경 등을 통해 부수적으로 지식을 습득하는 거지요. 그래서 초

등학생 때까지는 문학만 읽고 비문학을 읽지 않는 것이 큰 문제가 되지 않습니다. 문학을 통해 문해력을 다져 놓은 학생이라면 수능 비문학 문제에도 큰 어려움 없이 적응합니다.

그러나 비문학 책만 읽으려고 하는 아이들에게는 문학도 읽어 보기를 권합니다. 특히 호흡이 긴 소설을 읽으며 복잡하고 다양한 인물과 사건에 대해 생각하는 과정이 문해력 습득에 큰 도움이 됩니다. 또 타인의 삶에 대한 공감, 문장의 아름다움에서 오는 감동, 심리적 위안, 가치관 형성, 자아 정체감의 확립 등 독서를 통해 얻을 수 있는 가장 중요한 것들은 문학을 읽었을 때 비로소 얻을 수 있기 때문입니다. 책을 지식의 습득을 위한 수단으로만 여기지 않도록 공상 과학 소설이나 단편 소설 등 부담이 적고 아이가 좋아할 만한 사건, 배경이 나온 소설을 선택해 시작해 보길 권합니다. 취향에 맞는 이야기를 고르기 어려워서 문제지 이야기 자체를 싫어하는 사람은 없기 때문에 분명 아이가 좋아하는 이야기를 만날 수 있을 것입니다.

그래서 초등 고학년 아이라면, 문학 2~3권에 비문학 1권 정도의 비율로 읽혀 보라고 권하고 싶습니다.

**A.** 고전 작품을 어린이 수준에 맞게 각색하거나 요약해 놓은 책들이 있습니다. 이런 요약된 책을 읽으면 원작의 진짜 매력은 알지 못한 채 그냥 어디서 읽어 본 척만 할 수 있는 수준으로 휘리릭 권 수만 채우게 될 위험이 큽니다. 이와 관련하여 명쾌하게 설명해 주신 선생님의 말씀을 인용해 보겠습니다.

> 물론 어른이 읽기에도 버거운 고전을 아이가 읽을 수 있을까 하는 부모의 염려를 모르는 바는 아니다. 하지만 초등 아이들에게 직접 고전을 읽히고 있는 사람으로서 단언컨대, 아이들은 부모의 걱정과는 달리 고전을 잘 받아들일 뿐 아니라 심지어 재미있어하기도 한다.
>
> 또한 고전은 줄거리를 알고자 읽는 책이 아니다. 책 속에 담긴 사고 과정, 묘사, 심리 등을 배우고 터득하는 것이 고전읽기의 묘미다. 그런데 만화나 요약본으로 고전을 접한 아이는 이미 내용을 알고 있다고 생각하여 원전을 다시 읽으려고 하지 않는다. 나 역시 이 같은 경험을 했다.
>
> — 송재환, 《다시, 초등 고전읽기 혁명 : 실전편》

여러 권 욕심내지 말고 한 권을 읽더라도 원전을 제대로 천천히 읽는 것을 추천합니다. 지금 수준에서 받아들일 수 있는 만큼 받아들이되 부모님과 이야기 나누며 함께 읽어 나간다면 분명 의미 있는 독서가 될 것입니다. 또 한 권의 고전을 제대로 읽어 본 아이는 성장해서 또 다른 고전을 읽을 수 있는 독서가가 될 것입니다.

**Q.** 현재 대학 입시에는 독서 활동이 어떻게 반영되나요?

**A.** 일단 생활 기록부에 '독서 활동' 항목이 있으나 이것이 대학으로 제공되지는 않습니다. 그러나 이것이 독서 활동을 중요하게 생각하지 않는다는 뜻은 아닙니다. 우선 '한 학기 한 권 읽기' 등 독서를 중심에 놓은 수업 활동이 권장되고 있으며 책을 읽고 하는 수행 평가가 국어 과목 이외에도 굉장히 많습니다. 입시 전문가들의 분석에 따르면 상위권 대학일수록 독서를 통한 공부에 무게를 더 둔다고 하더군요. 대학에서 하는 진짜 공부는 이렇게 책을 읽고 그것을 통해 깊고 넓게 탐구하는 것이므로 이런 자질이 있는 학생을 뽑고 싶은 거겠지요?

국어 시간에는 책 대화하기, 책 읽고 토론하기, 서평 쓰고 발표하기 등의 활동을 수행 평가로 진행하는 경우가 많습니다. 한국사 시간에 역사적 인물 한 명을 골라 관련된 책을 읽고 서평 쓰기를 한다거나 수학 시간에 배운 내용을 다룬 책이나 수학자들의 이야기를 다룬 책을 읽고 서평을 쓰는 활동을 하는 경우도 많습니다.

동아리 활동도 마찬가지겠죠? 과학 동아리에서 자신이 관심 있는 분야를 다룬 책을 읽고 발표를 한다거나 친구들에게 소개하는 활동을 하기도 하고 교육 동아리에서는 청소년 도서를 읽고 친구들의 고민을 받아 상담을 해 주면서 책을 권하는 활동을 하기도 합니다. 진로 활동 시간에는 간호사를 지망하는 친구들끼리 모여 간호사들의 실제 삶에 대한 책을 함께 읽기도 하고 우리나라 보건 정책에 관한 책을 읽고 토론하기도 합니다. 어떤가요? 학생들의 활동이 독서와 만나면서 훨씬 다채롭고 창의적으로 발전하는 모습이 보이지요? 독서를 통해 얻은 영감을 토대로 새로운 것을 생각해 내고 구체화하는 모습에 교사인 저도 자주 놀란답니다.

학교마다 '독서 프레젠테이션 대회', '저자 강연', '북 트레일러 제작 대회' 등 독서와 관련된 행사도 매우 많습니다. 이런 활동을 통해서 관심사를 확장하고 심화하며 진지하게 배움에 임하는 자세를 보여 줄 수 있지요.

논술 시험이나 면접, 구술시험은 직접적으로 독서 활동을 평가하는 것은 아니지만 독서를 많이 해야만 자신의 생각을 조리 있게 펼칠 수 있으므로 독서와 굉장히 밀접한 관계가 있습니다.

우리 아이들이 공부해야 하는데 언제 책까지 읽냐고 푸념하기보다는 공부하는 와중에 책을 읽으니 스트레스가 풀리고 의욕이 솟는다고 말할 수 있는 청소년으로 자라기를 기대해 봅니다.

## [5학년 1월] 용기

| | |
|---|---|
| 책 제목 | **숫자로 상상하세요**<br>시모나 포이도마니 글/ 피아 빌렌 티니스 그림/ 책속물고기 |
| 책 소개 | 이 책은 최초의 컴퓨터 프로그래머 에이다 러브레이스에 관한 이야기입니다. 어릴 적부터 상상력이 뛰어났던 에이다가 해석 기관에 관한 논문에 주석을 달고, 적용될 명령어들을 만듭니다. 이것이 바로 지금 우리가 사용하고 있는 컴퓨터 프로그래밍 언어의 기초가 되었습니다. 지금은 컴퓨터 없는 세상을 상상할 수 없고, 컴퓨터 하면, 마이크로소프트사의 빌 게이츠, 애플의 스티브 잡스를 떠올리는데 1843년 에이다가 만든 프로그래밍 언어의 기초가 그 시작이었다는 사실을 안 아이들은 매우 놀란답니다.<br>이 책을 읽으며 아이들과 함께 여성 수학자, 과학자, 프로그래머들이 잘 알려지지 않았는지도 생각해 볼 수 있습니다. 지금과 다른 시대 상황 속에 '에이다' 같은 여성이 '상상하는 것'을 포기하지 않고 자기 연구를 계속한다는 것이 얼마나 어렵고 힘들었을지 알면, '극복'이라는 단어가 주는 묵직함도 깨닫게 됩니다. 아이들에게도 자기 길을 찾는 중에 어렵고 힘든 순간이 찾아올 겁니다. 그때 이 책이 주는 감동이 용기를 가지는 데 큰 힘이 될 것입니다. |
| 북 토크 | 1. 찰스 배비지가 만든 자동으로 계산하는 기계의 이름은 무엇입니까?<br>2. 에이다의 가정 교사로 에이다에게 과학을 가르쳐 주고, 많은 영향을 주었던 선생님은 누구인가요?<br>3. 에이다의 어머니는 왜 에이다에게 수학과 과학을 가르쳤을까요?<br>3. 에이다의 어머니는 에에다가 배비지의 차분기관에 빠진 것을 꾸짖습니다.<br>　이때 에이다가 어머니 말씀대로 연구를 계속하지 않았다면 어떤 일이 벌어졌을까요?<br>4. 여성 수학자, 과학자가 남성 수학자, 과학자에 비교해 적게 알려져 있는데, 그 이유는 무엇일까요?<br>5. 에이다처럼 '사회적 제한'을 이겨 내고 자기만의 길을 개척해 나간 사람은 누가 있을까요?<br>6. 자기를 이겨 낸 사람들의 이야기를 읽으면 어떤 점을 배울 수 있을까요? |
| | #여성 수학자 #에이다 러브레이스 #컴퓨터 프로그래밍 언어 #용기 |
| 가지 뻗기<br>연계 활동 | ★ 영화<br>〈히든 피겨스〉, 〈옥토버 스카이〉 | ★ 심화 독서<br>《마리 퀴리》, 《시간의 책장》<br>《서프러제트》 |
| 교과 연계 | [6도01-03] 자기가 하고 싶은 일을 선택할 때 도덕적 고려의 필요성을 알고 자신의 특기와 적성을 탐색하여 진로계획을 수립한다.<br>[6국05-06] 작품을 읽고 자신의 삶과 연관 지어 성찰하는 태도를 지닌다. |

# [5학년 1월] 용기

| | |
|---|---|
| 책 제목 | **빨강 연필**<br>신수현 글/ 김성희 그림/ 비룡소 |
| 책 소개 | 우연히 가지게 된 신비한 '빨강 연필' 덕에 민호는 글짓기 칭찬을 받게 되고, 잘못된 것이라는 걸 알면서도 '빨강 연필'을 계속 사용합니다. 친구의 시기와 의심을 받고, 자기 실력으로 얻은 결과가 아니란 것에 갈등을 느끼면서도 '빨강 연필'을 버릴 용기를 내지 못합니다. 하지만 남의 시선을 신경 쓰기보다 자기만의 방식으로 그림을 그리는 친구를 보며 '빨강 연필'을 놓을 용기를 냅니다.<br>이 책에 등장하는 '빨강 연필'은 마법의 연필입니다. 시험 전날 마법의 연필을 갖고 싶다는 상상해 본 적 있나요? 누구나 한 번쯤 해 보는 상상일 겁니다. 고학년인 아이들에게 '빨강 연필'이 실제로 있다면 아이들은 어떤 것을 해결하고 싶을까요? '빨강 연필'을 가진다면 행복할까요? 자기만의 모습, 부족한 부분을 인정하고 스스로 더 성장하려 '빨강 연필'을 버릴 용기를 내는 민호의 모습은 많은 생각을 하게 합니다. 아이들도 민호처럼 자기의 강점이 무엇인지 찾아보고 도전하는 용기를 내고 싶을 겁니다. 춤을 잘 추는 아이, 악기를 잘 다루는 아이, 손재주가 좋은 아이, 말을 재미있게 하는 아이 등, 각자가 가진 강점을 찾는 모습이 그려지나요? |
| 북 토크 | 1. 민호는 실수로 유리 천사를 깨뜨립니다. 누구의 것이었나요?<br>2. 민호는 빨강 연필 덕에 상을 받습니다. 어떤 상이었나요?<br>3. 내가 민호처럼 '빨강 연필'을 실제로 가지게 된다면<br>　　[나는 사용할 것이다. vs 사용하지 않을 것이다.]<br>　　둘 중 하나를 선택해 보고 그 이유를 말해 봅시다.<br>4. 민호가 빨강 연필을 버릴 용기를 내지 못하고 계속 사용한다면 어떤 일이 생길까요?<br>5. 내가 민호라면 '빨강 연필'을 사용하는 것을 멈출 수 있을까요?<br>6. 나의 강점은 무엇인가요? 내가 남과 다른 점은 무엇이고, 달라서 좋은 점들을 생각해 봅시다.<br>7. 이제까지 내가 내었던 용기를 무엇이며, 그때의 감정을 떠올려 봅시다.<br>8. 용기를 내기 전의 민호에게 하고 싶은 말을 생각해 봅시다. |
| | #용기 #나만의 강점 찾기 #정직 #이해 #자기 존중 |
| 가지 뻗기<br>연계 활동 | ★ 영화<br>〈빌리 엘리어트〉, 〈쿰바: 반쪽무늬 얼룩말의 대모험〉, 〈몬스터 대학교〉　★ 심화 독서<br>《내가 나인 것》, 《이모의 꿈꾸는 집》 |
| 교과 연계 | [6국05-06] 작품을 읽고 자신의 삶과 연관 지어 성찰하는 태도를 지닌다.<br>[6국05-04] 인상적인 부분을 중심으로 작품에 대한 의견을 나눈다. |

# [5학년 2월] 경제와 지리

| 책 제목 | **세금 내는 아이들**<br>옥효진 글/ 김미연 그림/ 한국경제신문 |
|---|---|
| 책 소개 | 6학년 첫날, 새 담임 선생님의 제안으로 시우는 같은 친구들과 1년 동안 특별한 활동을 합니다. '활명수' 나라의 국민이 되어 '미소'라는 화폐를 쓰며 직업을 가지고 경제 활동을 하는 겁니다. 직업을 선택해 보는 경험, 받은 월급에서 세금을 내는 경험, 창업했다 실패해 보는 경험 등을 하며 돈이 생기면 쓰기 바빴던 시우는 점점 합리적 경제생활을 배웁니다.<br>이 책은 이야기 형식을 빌려 '경제 개념'을 설명하고 있습니다. 소득을 얻고, 소비를 계획하며, 저축하고 투자하는 활명수 반 아이들의 이야기를 읽으며 아이들은 낯선 경제 용어를 친숙하게 익힐 수 있습니다. 등장인물들이 하는 선택에, '나라면 ~같이 ~했을 텐데' 하며, 등장인물들과 함께 경제활동을 하는 재미가 있습니다. 소비 욕구를 조장하는 사회에 아이들에게 경제 교육은 선택이 아니라 필수입니다. 딱딱한 형식의 비문학 도서를 먼저 접하기보다 이야기 형식을 빌린 지식 책으로 흥미를 돋우면 아이들의 관심을 더 확장할 수 있습니다. 이야기 형식을 빌린 지식 책을 재미있게 읽어 봅시다. |
| 북 토크 | 1. 시우가 활명수 반에서 제일 처음 고른 직업은 무엇인가요?<br>2. 신용점수란 무엇이며, 왜 중요한가요?<br>3. 내가 활명수 반 학생이라면 어떤 직업을 고르고 싶나요?<br>　그 이유는 무엇인가요?<br>4. 시우와 세완이는 둘 다 투자를 했지만 세완이는 투자에 성공했고,<br>　시우는 투자에 실패합니다. 시우가 투자에 실패한 까닭은 무엇일까요?<br>5, 활명수 나라에서는 직업이 사라지기도 하고 새로 생겨나기도 합니다.<br>　우리 사회에서 미래에 사라질 직업과 생겨날 직업에 관해 예측해 봅시다.<br>6. 소비와 저축 중 어떤 것이 더 중요하다고 생각하나요?<br>7. 사람들의 생활과 돈은 관련이 깊습니다. 돈은 우리 생활에 어떤 영향력을 가지고 있나요? |

#경제 활동 #세금 #경제 용어 #용돈

| 가지 뻗기<br>연계 활동 | ★ 영상<br>〈유퀴즈 온더 블록〉 126화<br>'세금 내고 주식 투자하는 아이들' 편,<br>기획재정부 어린이 경제교실<br>https://kids.moef.go.kr/main.do | ★ 심화 독서<br>《돈이 많으면 행복할까?》,《열두 살에 부자가 된 키라》,《초등학생이 알아야 할 참 쉬운 돈과 금융 》 |
|---|---|---|
| 교과 연계 | [6사11-01] 시장경제에서 가계와 기업의 역할을 이해하고, 근로자의 권리와 기업의 자유 및 사회적 책임을 탐색한다.<br>[6실02-01] 시간이나 용돈과 같은 생활자원이 제한되어 있음을 이해하고, 생활자원의 사용가치를 높이는 방법을 탐색한다. | |

# [5학년 2월] 경제와 지리

| 책 제목 | **방방곡곡 한국 지리 여행**<br>김은하 글/ 긴리 그림/ 봄나무 |
|---|---|
| 책 소개 | 5학년 1학기에 아이들은 우리나라의 지리에 대해 배웁니다. 처음 보는 지리 용어도 낯설고 우리나라 지역의 특성도 쉽게 와닿지 않습니다. 이럴 때 교과서와 연계된 책 읽기를 추천합니다. 이 책은 우리나라 위치, 국토, 기후, 행정 구역에 대해 재미있는 이야기를 들려줍니다. 어렵고 낯선 용어가 등장하지만, 이야기를 읽으며 자연스레 가까워집니다. 교과서는 훌륭한 책이지만 개념과 용어를 짧게 소개하는 면이 있습니다. 아이들은 이 책을 읽으며 교과서 밖의 지리적 지식을 폭넓게 탐구할 수 있을 것입니다. 책을 읽을 때, 공부하듯 외우려 하기보다 중심 용어 중심으로 읽기를 추천합니다. 지식 책을 읽기 전에 목차를 보며 상위 개념과 하위 개념을 파악해 보는 것도 추천합니다. |
| 북 토크 | 1. 우리나라 땅, 산, 강, 바다의 특징은 무엇인지 간략하게 마인드맵으로 정리해 봅시다.<br>2. 여러분이 지금 사는 지역의 특징은 무엇인가요? 지역, 기후, 주변의 평야, 산, 강을 중심으로 설명해 봅시다.<br>3. 김치 맛은 왜 지역에 따라 다를까요?<br>4. 우리나라 국토의 3분의 2가 산입니다. 산이 많아 좋은 점에는 무엇이 있고, 불편한 점에는 무엇이 있을까요?<br>5. 옛날부터 세계 여러 나라와 교류하는 데 바닷길을 이용했습니다. 우리나라 지도를 보며 역사 속에서 유명했던 항구를 찾아봅시다.<br>6. 책을 읽고, 우리나라 방방곡곡의 여행을 했습니다. 내가 살고 싶은 지역과 그 이유를 이야기해 봅시다.<br>7. 우리가 우리 땅에 대해 공부하는 이유는 무엇일까요? |
| | #한국지리 #지도 #5학년 #사회 #우리나라 지역의 특성 |
| 가지 뻗기<br>연계 활동 | ★ 영상<br>〈어쩌다 어른〉 119화<br>'잃어버린 호기심을 찾아서'<br>제주도 1편,<br>국토지리정보원 국립지도박물관〉자료실〉학습동영상 https://www.ngii.go.kr | ★ 심화 독서<br>《구석구석 우리나라 지리 여행》, 《손으로 그려 봐야 우리 땅을 잘 알지》, 《우리 땅 지질 여행》,<br>《재미있는 한국지리 이야기》 |
| 교과 연계 | [6사01-01] 우리나라 산지, 하천, 해안 지형의 위치를 확인하고 지형의 분포 특징을 탐구한다.<br>[6사02-02] 우리나라의 지역별 인구 분포의 특징을 알아보고, 이에 따른 문제점과 해결 방안을 탐색한다. |

## [5학년 3월] 존중

| 책 제목 | **5학년 5반 아이들**<br>윤숙희 글/ 푸른책들 |
|---|---|
| 책 소개 | 3월은 늘 새롭습니다. 새 학년, 새 담임 선생님, 새 친구들. 3월 한 달은 겉으로 드러나지 않지만, 서로에 대한 호기심과 관심이 아주 큰 시기입니다. 그래서 3월이면, 아이들과 함께 《5학년 5반 아이들》을 읽으며 친구를 바라보는 열린 마음을 키워 주고 싶습니다.<br>책 속 5학년 5반 아이들의 이야기는 매우 다양합니다. 일곱 명의 아이가 각각의 이야기에서 주인공이 되어 다른 이야기를 펼칩니다. 서로 고민의 종류만 다를 뿐 각자가 가진 고민의 무게가 힘겹습니다. 일곱 명의 아이들이 자기가 가진 고민을 용기를 내어 바라보고 성장해 가는 모습을 읽으면, '아이들도 나만 고민이 있는 게 아니구나!', '용기를 내어 고민을 바라보자.', '친구를 각자의 모습 그대로 인정하자'라는 생각을 할 수 있게 도와줍니다. 나와 친구를 존중하는 마음이 커지는 책, 《5학년 5반 아이들》을 추천합니다. |
| 북 토크 | 1, 각 이야기 속 일곱 명의 주인공들이 가진 공통점은 무엇일까요?<br>2. 아토피가 고민인 수정이는 아토피를 숨기기 위해 화장을 합니다. 학생이 화장을 하는 것에 대해 어떻게 생각하나요? 외모에 관해 고민해 본 적이 있나요?<br>3. 장미는 꿈을 이루기 위해 오디션에 계속 도전을 할까요? 내가 장미라면 어떻게 할 것 같나요?<br>4. 일곱 명의 아이 중 가장 나와 비슷한 고민을 하는 인물은 누구이며, 내가 그 고민을 들었다면 어떤 도움을 주고 싶나요?<br>5. 나와 다른 친구들을 이해하려면 어떤 노력이 필요할까요?<br>6. 친구가 나와 다름을 이해했지만 인정할 수 없었던 경험이 있나요?<br>7. 누구나 고민을 가지고 있습니다. 우리는 어떤 방식으로 고민을 해결할 수 있을까요? |

#존중 #고민 #다름 #우정

| 가지 뻗기<br>연계 활동 | ★ 영화<br>〈우리들〉, 〈샬롯의 거미줄〉, 〈퀼〉 | ★ 심화 독서<br>《주머니 속의 고래》, 《건방진 장루이와 68일》, 《열세 살 우리는》 |
|---|---|---|
| 교과 연계 | [6도02-02] 편견이 발생하는 이유를 탐색하여 해결 방안을 살펴보고, 다양성 존중을 바탕으로 다른 사람과 올바른 관계를 맺기 위한 실천 방안을 탐구한다.<br>[6국05-01] 작가의 의도를 생각하며 작품을 읽는다. | |

# [5학년 3월] 존중

| | |
|---|---|
| 책 제목 | **푸른 사자 와니니**<br>이현 글/ 오윤화 그림/ 창비 |
| 책 소개 | 고학년 아이들은 친구에 관심이 많습니다. 친구에 대한 기대도 많은 만큼 실망도 하고, 친구와 비교하며 자기 자신을 초라하게 여기는 순간도 있습니다. 각자 빛나는 아이들인데 말이지요. 올바른 친구 관계와 자기만이 가진 강점에 대해 생각해 볼 수 있는 책으로 《푸른 사자 와니니》를 소개합니다. 사자 와니니는 약육강식의 동물의 세계에서는 살아남을 거란 기대를 할 수 없는 사자입니다. 무리 속에 있지 못하고 홀로 있어야 하는 사자는 아무리 사자라도 살아남을 수 없으니까요. 잘못을 저질러 무리에서 쫓겨난 '와니니'가 친구를 만나고 서로의 부족한 부분을 보완하며 무리를 이룹니다. 서로의 강점을 찾아 서로를 도우며 살아남는 모습은 아이들에게 많은 감동을 줍니다. 누구에게나 강점이 있다는 것을 생각해 보고 나와 친구들이 가진 강점을 찾아볼 겁니다. 또 '와니니와 친구들'처럼 서로 부족한 부분을 도우며 건강한 친구 관계를 맺어야겠다는 다짐을 하게 될 겁니다. |
| 북 토크 | 1. 와니니가 태어난 무리의 우두머리 사자 이름은 무엇인가요?<br>2. 와니니가 마디바 무리'에서 쫓겨나게 된 이유는 무엇인가요?<br>3. 와니니가 아산테와 잠보가 말라이카를 공격하지 않았다는 말을 믿지 않았다면 이야기가 어떻게 흘러갔을지 상상해 봅시다.<br>4. 와니니가 잠보의 서로 힘을 모으자는 제안을 거부하고 계속 홀로 지내기를 고집했다면 와니니는 어떻게 될지 상상해 봅시다.<br>5. 평소 나는 어떤 말을 듣고 싶나요? 또, 어떤 말을 듣고 싶지 않은지 생각해 봅시다.<br>6. 마디바, 와니니, 아산테, 잠보는 모두 다른 가치관을 가지고 있습니다.<br>  마음에 드는 가치관을 가진 인물은 누구인가요? 나와 비교하며 이야기해 봅시다.<br>7. 와니니는 자기와 다른 아산테와 잠보와 무리를 이룹니다. 그 과정에 다툼도 있었지만 무리를 이룹니다. 다른 사람과 협력을 잘하기 위해서 어떤 것들이 필요할까요? |

#존중#고민#다름#우정#협동

| | | |
|---|---|---|
| 가지 뻗기<br>연계 활동 | ★ 영화<br>〈해피 피트〉, 〈리바운드〉 | ★ 심화 독서<br>《플레이볼》, 《안녕, 우주》<br>《우리들이 개를 지키려는 이유》 |
| 교과 연계 | [6국05-01] 작가의 의도를 생각하며 작품을 읽는다.<br>[6국05-04] 인상적인 부분을 중심으로 작품에 대한 의견을 나눈다. | |

## [5학년 4월] 과학

| | |
|---|---|
| 책 제목 | **아카디아의 과학 파일 : 봄**<br>케이티 코펜스 글/ 홀리 하탐 그림/ 유윤한 옮김/ 생각하는아이지 |
| 책 소개 | 동화와 과학 노트 형식을 빌려 떨어지는 별 잡기, 계절이 보내는 신호, 진드기의 공격과 같은 궁금증을 해결하는 과정을 담아낸 책입니다.<br>질문에 따른 가설을 세워 조사와 실험을 통해 가설을 증명하는 사고 과정을 따라가며 아이들이 과학적 사고가 무엇인지 자연스럽게 알 수 있도록 도와줍니다. 봄 편은 '떨어지는 별 잡기', '계절이 보내는 신호', '진드기의 공격', '지구의 날', 'DDT, 레이첼 카슨', '과학의 해'로 구성되어 있습니다.<br>국어 교사이자 과학 교사인 저자가 자신의 아이들을 교육하며 쓴 책이라 아이들 눈높이에 딱 맞고 봄, 여름, 가을, 겨울 시리즈로 나와 있어 연결해서 읽기 좋습니다. 또한 논리적 사고력과 문제 해결 능력을 기르는 데에도 도움이 됩니다. 일상에서 쉽게 접할 수 있는 현상을 주제로 삼아 아이와 함께 탐구 보고서를 작성해 보세요. 몇 번만 해 보면 스스로 흥미를 가지고 새로운 주제를 찾아낼 수 있을 것입니다. |
| 북 토크 | 1. '가설'이란 뭘까요? 사전에서 의미를 찾아 적어봅시다. 왜 가설을 설정해야 할까요?<br>2. '자연을 이루는 것은 모두 연결되어 있다'라는 말은 무슨 뜻일까요? 예를 들어 설명해 봅시다.<br>3. '지구의 날'을 포털 사이트에서 검색해 보고 흥미로운 정보를 모아 봅시다.<br>4. 내가 탐구해 보고 싶은 주제 생각해 보기<br>5. 가설 설정하고 실험해 보기<br>6. 나만의 탐구 보고서 작성하기 |

#### #과학적 사고 #추론 #과학자의 탐구 과정

| | | |
|---|---|---|
| 가지 뻗기<br>연계 활동 | ★ 영화<br>〈블루백〉, 〈북극의 눈물〉, 〈노임펙트 맨〉<br>★ 영화<br>〈[지식IN] 슬기로운 군대생활 - 과학적 사고방식〉<br>https://youtu.be/<br>P1aJU3FrhmE?si=Uev9fH1aMBcN7v7x | ★ 심화 독서<br>《몹시도 수상쩍다 1 골때리게 재미있는 과학교실》, 《과학 추리반 아이들》, 《과학으로 온 엉뚱한 질문들》, 《열두 달 지구하자》 |
| 교과 연계 | [6국02-04] 문제 상황과 관련된 다양한 관점의 글을 읽고 이를 문제 해결에 활용한다.<br>[6과05-01] 생태계가 생물 요소와 비생물 요소로 이루어져 있음을 알고 생태계 구성 요소들이 서로 영향을 주고받음을 설명할 수 있다.<br>[6과06-04] 계절별 날씨의 특징을 우리나라에 영향을 주는 공기의 성질과 관련지을 수 있다. | |

## [5학년 4월] 과학

| 책 제목 | **어린이를 위한 동물 복지 이야기**<br>한화주 글/ 박선화 그림/ 팜파스 |
|---|---|
| 책 소개 | 동물 실험, 모피 옷, 대규모 축산업, 오락에 이용되는 동물 등 인간에게 이용되는 동물들의 현실에 문제를 제기합니다. 또 동물을 어떤 존재로 받아들여야 할지, 우리가 왜 다른 종과 함께 살아가기 위해 애써야 하는지 생각해 볼 수 있습니다. 기후 변화에 대한 문제의식과 맞물려 동물 복지, 비거니즘 등의 이야기들이 큰 화제가 되고 있지요? 일상에서 쉽게 접할 수 있는 문제인 만큼 어렵지 않게 접근할 수 있습니다. 또 요즘은 반려동물과 함께하는 친구들이 많아 더욱 관심을 가지고 읽을 수 있을 것입니다. 이런 이야기를 읽으면서 생활 습관도 돌아보고 현명한 소비에 대해 생각해 보는 것도 좋을 것 같아요. 또 환경, 축산 관련 분야의 직업도 알아보면 진로 설계에도 큰 도움이 됩니다. |
| 북 토크 | 1. '복지'란 무슨 뜻일까요?<br>2. 공장식 축산 방식의 문제점은 무엇일까요?<br>3. '동물 복지 축산 농장' 인증 제도에 대해 알아보고 마트에서 동물 복지 축산 농장에서 생산된 축산물을 찾아봅시다.<br>4. 동물에게도 감정이 있다는 주장에 대해 어떻게 생각하나요?<br>5. 우리가 동물의 행복, 복지도 생각해야 하는 이유는 무엇일까요?<br>6. 동물과 사람이 함께 행복하게 지내려면 어떻게 해야 할까요? 내가 실천할 수 있는 일을 두 가지 생각해 봅시다.<br>7. 동물 보호 단체를 조사해 보고 이 단체들의 주장에 대해 친구들과 이야기를 나누어 봅시다. |

#반려동물 #동물권 #인간과 동물

| 가지 뻗기<br>연계 활동 | ★ 영화<br>〈동물, 원〉, 〈P짱은 내 친구〉<br>★ 영상<br>〈[KBS 뉴스] 동물권, 동물만의 문제 아니다〉<br>https://youtu.be/-uswoSRXf1E?si=wWvp_c4Fn-YWSMlt<br>〈[EBS 골라듄다큐] 한 벌당 목숨 하나, 그래도 모피를 입어야 할까요?〉<br>https://youtu.be/RKISZPwtUJw?si=3PDAiWO0evUFhFGx<br>〈[TV 동물농장] 실험실에서 처음 세상 밖으로 나온 '비글 29마리'〉<br>https://youtu.be/YuHcCXle8uw?si=f4EyE5I2MyZw7kL4 | ★ 심화 독서<br>《내 이웃의 동물들에게 월세를 주세요》, 《애니캔》, 《우리들이 개를 지키려는 이유》 |
|---|---|---|
| 교과 연계 | [6국02-04] 문제 상황과 관련된 다양한 관점의 글을 읽고 이를 문제 해결에 활용한다.<br>[6과05-01] 생태계가 생물 요소와 비생물 요소로 이루어져 있음을 알고 생태계 구성 요소들이 서로 영향을 주고받음을 설명할 수 있다.<br>[6과05-03] 생태계 보전의 필요성을 인식하고 생태계 보전을 위해 우리가 할 수 있는 일에 대해 토의할 수 있다. | |

# [5학년 5월] 가족

| 책 제목 | 모두 웃는 장례식<br>홍민정 글/ 오윤화 그림/ 별숲 |
|---|---|
| 책 소개 | 암으로 곧 죽음을 맞이하게 될 할머니가 살아 있을 때 가족들과 웃으면서 이별하고 싶다고 생전 장례식을 제안합니다. 처음의 걱정과는 달리 장례식은 모두에게 감동을 남기며 무사히 치러지고 이 과정에서 가족 간에 남아 있던 앙금과 상처가 치유되지요. 이 동화는 죽음의 의미와 삶의 소중함, 가족 관계에 대해 다시 생각해 보게 만드는 이야기로 '죽음'이라는 다소 슬프고 무거운 주제를 따뜻하고 재미있게 풀어냈다는 점이 참 매력적입니다. 꼭 죽음이 아니더라도 이별이라는 것에 대해 생각해 볼 수도 있고요. 이 책을 함께 읽으신 후 삶의 의미, 행복하게 사는 것의 중요성을 찾아보는 것이 왜 중요한지 꼭 이야기를 나누어 보세요. |
| 북 토크 | 1. 제목을 처음 보았을 때 어떤 생각이 들었나요?<br>2. 등장인물들이 각각 '생전 장례식'에 찬성, 반대한 이유를 정리해 봅시다.<br>3. 엄마는 어떤 마음으로 장례식에 왔을까요? / 할머니는 왜 엄마를 보고 엉엉 우셨을까요?<br>4. '생전 장례식'을 한다고 가정하고 여러분의 장례식에 누구를 초대하고 싶나요?<br>5. 나의 '생전 장례식'에 온 사람들에게 남길 말을 미리 적어 봅시다.<br>6. '죽음'에 대해 이 책을 읽기 전에 가지고 있던 생각이 책을 읽고 바뀐 점이 있다면 무엇인가요?<br>7. 누구에게나 한 번뿐인 인생. 행복한 삶을 살기 위해 어떤 노력이 필요할까요? |

#가족#화해#죽음#장례식

| 가지 뻗기<br>연계 활동 | ★ 영화<br>〈집으로〉, 〈인사이드 아웃〉<br>★ 영상<br>〈어느 말기 암 환자의 생전 장례식<br>https://youtu.be/<br>hXvtGtVKRng?si=SkLwWe71fjpoCTIN<br>〈[지식채널e] 아빠와 함께한 계절〉<br>https://youtu.be/R34j7zObB-<br>0?si=RM3WbnmkDVKilmt2 | ★ 심화 독서<br>《분홍 문의 기적》, 《나는 죽음이에요》,<br>《죽음은 돌아가는 것》, 《하나뿐인 생명의<br>가치 있는 삶과 죽음》, 〈귀천〉 |
|---|---|---|
| 교과 연계 | [6국05-01] 작가의 의도를 생각하며 작품을 읽는다.<br>[6도02-02] 다양한 갈등을 평화적으로 해결하는 것의 중요성과 방법을 알고, 평화적으로 갈등을 해결하려는 의지를 기른다. | |

# [5학년 5월] 가족

| 책 제목 | **마음의 온도는 몇 도 일까요?**<br>정여민 글/ 허구 그림/ 주니어김영사 |
|---|---|
| 책 소개 | 시는 왜 우리의 삶에 위안을 줄까요? 시를 읽다 보면 누구든 느꼈을 법한 감정인데 정말 참신하게, 그리고 내 마음속에 꼭 들어와 본 것처럼 콕 집어서 실감나게 표현했다는 점에 놀라게 됩니다. 그리고 기쁨과 슬픔, 그리움과 같은 감정의 선들을 따라가며 평소 느낀 감정들과 더 가까이 마주하게 되지요. 이 과정에서 슬픔을 위로받기도 하고 다시 힘을 낼 용기를 얻기도 합니다.<br>'영재 발굴단'에서 '문학 영재'로 소개된 열네 살 정여민이 쓴 그림 시집 《마음의 온도는 몇 도 일까요?》. 가족 간의 사랑과 제주 자연의 아름다움을 소재로 순수한 소년의 마음을 담은 시 43편이 실려 있습니다. 특히 암 투병을 하는 엄마를 향한 애틋한 마음이 섬세하고 절절한 시어들로 표현되어 있어 감동을 줍니다.<br>시를 읽을 일이 거의 없는 요즘 아이들이지만 정여민의 시를 읽으면서는 아름답다고 생각할 것이라고 확신합니다. 마음에 드는 시를 골라 가족들과 시 낭송회를 하듯 배경 음악을 깔고 한 편씩 읽어 보는 것도 추천합니다. |
| 북 토크 | 1. 시집에서 마음에 드는 시를 하나 골라 필사해 보고 왜 그 시가 마음에 드는지 이야기해 봅시다.<br>2. 1번 시에서 말하는 이는 어떤 감정을 느끼고 있나요?<br>3. 1번 시에 사용된 다양한 단어나 표현 중 가장 마음에 와닿은 부분은 어디인가요?<br>4. 시 처방전 활동을 해 봅시다. (무기명으로 고민을 적어 오고 뽑기를 통해 자신이 뽑은 가족의 고민에 위로가 될 수 있는 시를 처방해 주고 고민을 적은 가족에게 돌려줍니다.)<br>5. 수필과 시는 어떻게 다를까요? 시인들은 왜 시라는 형식을 통해 자신의 마음을 전할까요? |
| | #시 #가족 #자연 #아름다운 말 #열네 살 시인 |
| 가지 뻗기<br>연계 활동 | ★ 영화<br>〈코다〉<br>★ 영상<br>〈마음의 온도는 몇 도일까요?〉<br>https://youtu.be/lpYkFE6fNCE?si=xdo1ckLdgr—5Ph3 | ★ 심화 독서<br>《똑똑 마음입니다》,<br>《어린이 마음 시툰》,<br>《과학실에서 읽은 시》, 《마음의 일》 |
| 교과 연계 | [6국05-01] 작가의 의도를 생각하며 작품을 읽는다.<br>[6국05-02] 비유적 표현의 효과에 유의하여 작품을 감상한다. |

# [5학년 6월] 사회 문제

| 책 제목 | 오늘부터 해시태그<br>정연숙 글/ 오영은 그림/ 풀빛 |
|---|---|
| 책 소개 | 세계 여러 나라에서 펼쳐진 다양한 해시태그 운동을 동화로 소개하는 책입니다. 왕따, 성 고정 관념, 쓰레기 배출량 문제, 인종 차별, 난민 혐오, 연대와 같이 요즘 많은 화제가 되고 있으며 어린이들도 공감할 수 있고 한 번쯤 생각해 볼 필요가 있는 문제들입니다. 문제를 해결하기 위해 해시태그로 관심을 불러일으키고 용기를 내어 실천하고 큰 변화를 일구어 내는 어린이들의 이야기를 통해 어린이 독자들이 사회 문제를 주체적인 관점에서 받아들일 수 있게 해 줍니다.<br>뭔가 분명히 잘못되어 가는 것 같은데 아무런 문제의식 없이 흘러가는 대로만 산다면 이 세상은 어떻게 될까요? 아마 갈수록 세상은 삭막해지고 우리 삶은 행복과는 멀어질 겁니다. 우리 아이들이 주체적인 자세로 자신이 살아갈 세상에 관심을 가지고 작은 실천을 시작할 수 있기를 응원합니다. |
| 북 토크 | 1. 해시태그를 붙여서 온라인에 게시글을 작성해 본 적이 있나요?<br>2. 해시태그를 붙이는 것은 어떤 의미를 지닌 행동일까요?<br>3. 우리는 왜 사회 문제에 관심을 가져야 할까요?<br>4. 사회를 바라보는 다양한 시선이 필요한 까닭은 무엇일까요?<br>5. 사회 교과서 단원 중 관심이 가는 주제를 찾아 해시태그를 만들어 봅시다.<br>6. 여섯 개의 주제 중 가장 관심이 가는 주제 또는 5번에서 고른 주제에 대해 내 의견을 7-10줄 적어 봅시다. |

#해시태그 #사회운동 #변화 #불평등

| 가지 뻗기<br>연계 활동 | ★ 영화<br>〈그린북〉, 〈히든 피겨스〉<br>★영상<br>〈[중앙일보] '대안 노벨상' 받은 그레타 툰베리, 유엔 연설 풀버전〉<br>https://youtu.be/9H-ZpEzRsf0?si=fAk3ReTEz3Dn349H | ★ 심화 독서<br>《어린이를 위한 나는 말랄라》, 《그레타 툰베리》, 《세상 좀 바꾸고 갈게요》, 《숨을 참는 아이》, 《우리가 함께 싸울 때》 |
|---|---|---|
| 교과 연계 | [6도02-02] 편견이 발생하는 이유를 탐색하여 해결방안을 살펴보고, 다양성 존중을 바탕으로 다른 사람과 올바른 관계를 맺기 위한 실천 방안을 탐구한다.<br>[6도03-01] 인권의 의미와 인권을 존중하는 삶의 중요성을 이해하고, 인권 존중의 방법을 익힌다.<br>[6국02-04] 문제 상황과 관련된 다양한 관점의 글을 읽고 이를 문제 해결에 활용한다. | |

## [5학년 6월] 사회 문제

| 책 제목 | **담을 넘은 아이**<br>김정민 글/ 이영환 그림/ 비룡소 |
|---|---|
| 책 소개 | 조선시대 가난한 집 딸로 태어난 푸실이는 우연히 《여군자전》이라는 책을 줍고 글을 배우게 됩니다. 그러던 중 어머니가 푸실이의 남동생 약값을 대기 위해 대감님 댁 젖어미로 떠나게 되고, 푸실이의 막내 여동생은 젖을 먹지 못해 죽을 위기에 처하게 되지요. 푸실이는 여동생을 구할 수 있을까요? 푸실이가 여동생을 구하기 위하여 나서는 과정에서 보여 주는 용기는 우리 어린이들이 꼭 가졌으면 하는 덕목입니다. 또한 어려움 속에서도 배움을 통해 성장하려는 푸실이의 열정도 큰 감동을 줍니다. 모든 것이 갖추어진 사회, 오로지 자신의 성공과 물질적 풍요만을 위해 달려가는 사회에서 이런 순수한 열정을 책을 통해 배울 수 있다면 참 보람찰 것 같아요. |
| 북 토크 | 1. 푸실이의 여동생은 왜 죽임을 당할 뻔했나요?<br>2. 푸실이는 글을 배우고 책을 읽으며 무엇을 깨우쳤나요?<br>3. 소설 속 '담'은 무엇을 의미하는 것일까요? 여러분의 삶에 '담'이 있다면 어떤 것인가요?<br>4. 소설의 배경이 되었던 시대와 현재를 비교해 보고 신분 제도와 성별에 따른 삶의 모습 면에서 달라진 점과 비슷한 점을 찾아보세요.<br>5. 여러분이 '너는 어찌 살 것이냐?'라는 질문을 받는다면 어떤 답을 할지 생각해 봅시다.<br>6. 작가가 푸실이의 삶을 통해 우리에게 하고 싶은 말은 무엇일까요? |
| 가지 뻗기<br>연계 활동 | ★ 영화<br>〈서프러제트〉<br>★ 영상<br>EBS 평등채널e 1부 – 인간이라는 이유<br>https://youtu.be/<br>EYjU3tj1tWo?si=qjkicclCZRXiNsyn | ★ 심화 독서<br>《큰 발 중국 아가씨》, 《소녀들을 위한 내 몸 안내서》, 《소녀들을 위한 내 마음 안내서》, 《소년들을 위한 내 몸 안내서》, 《소년들을 위한 내 마음 안내서》 |
| 교과 연계 | [6도02-02] 편견이 발생하는 이유를 탐색하여 해결방안을 살펴보고, 다양성 존중을 바탕으로 다른 사람과 올바른 관계를 맺기 위한 실천 방안을 탐구한다.<br>[6도03-01] 인권과 관련된 다양한 사례를 살펴보고 인권에 관한 감수성을 길러 이를 실천하려는 의지를 함양한다. |

# [5학년 7월] 우정

| | |
|---|---|
| 책 제목 | **방학 탐구 생활**<br>김선정 글/김민준 그림/ 문학동네 |
| 책 소개 | 요즘 아이들은 방학에도 바쁩니다. 다음 학기 수학 공부, 영어 공부, 일기 쓰기 등을 하느라 많은 시간을 학기 중과 같이 책상 앞에서 보내지요. 석이의 담임 선생님은 그런 반 아이들에게 학교에서는 수업 시작과 끝을 알리는 종소리 따라, 학교 마치면 학원 스케줄 따라 움직이는 것 대신 스스로 방학 계획 세우기 숙제를 내 줍니다. 숙제 덕분에 석이는 무인도에 가서 모험을 하겠다는 허무맹랑한 계획을 세우는데요. 무모해 보이는 계획 덕분에 석이는 칠금도라는 섬에 가서 친구들과 모험을 하게 됩니다.<br>이 책을 읽을 때에는 아이들 스스로 계획을 세워 주도적으로 무슨 일이든 해 본 적이 있는지 되돌아보는 경험을 가졌으면 좋겠습니다. 만약 그런 경험이 없다면 방학을 이용해서 아이 스스로 시간 계획을 세워 실천할 수 있는 일들을 미리 계획해 보아요. 바쁜 아이들의 상황을 고려할 때 딱 한 가지 계획이라도 좋겠어요. 초등학교 5~6학년 친구들은 충분히 스스로 해낼 수 있습니다. 아이들에게 자기 주도적인 계획과 실천 과정을 경험하게 함으로써 자기 주도적인 생활 태도와 자신의 삶에 대한 주인 의식을 갖게 할 수 있어요. |
| 북 토크 | 1. 석이의 방학 계획은 무엇인가요?<br>2. 석이가 친구들과 함께 칠금도에서 한 모험에 대해 어떻게 생각하나요? 좋았던 점, 부족했던 점, 재미있었던 점을 이야기해 볼까요?<br>3. 여행 후 인물들은 어떤 점이 달라졌나요?<br>4. 내가 스스로 계획을 세워 주도적으로 실천해 본 일이 있나요?<br>5. 이번 방학에 스스로 시간 계획을 세워 실천해 보고 싶은 일을 적어 봅시다.<br>6. 여행이 사람들에게 미치는 영향에 대해 생각해 보아요. |

#모험 #우정 #방학 #자기 주도 #계획

| | | |
|---|---|---|
| 가지 뻗기<br>연계 활동 | ★ 영상<br>〈[지식채널e] 만히 놀도록 하십시오〉<br>https://www.youtube.com/<br>watch?v=5NpPyMq8DRE | ★ 심화 독서:<br>《우리들의 에그타르트》,<br>《내가 모르는 사이에》 |
| 교과 연계 | [6국05-06] 작품에서 얻은 깨달음을 바탕으로 하여 바람직한 삶의 가치를 내면화하는 태도를 지닌다.<br>[6도01-02] 생활 습관에 대한 성찰을 통해 자기 생활을 점검하고 올바른 계획을 세워 이를 실천한다. | |

# [5학년 7월] 우정

| | |
|---|---|
| 책 제목 | **내가 모르는 사이에**<br>김화요 글/오윤화 그림/ 웅진주니어 |
| 책 소개 | 이 책은 주인공 고효민, 임수현, 강주목 3명의 관점으로 이야기가 전개됩니다. 같은 스토리이지만 다른 관점이 담긴 3개의 이야기를 읽을 수 있습니다. 고학년 아이들 사이에서 일어나는 미묘한 심리전이 잘 묘사되어 있어서 몰입감을 더합니다.<br>이 책을 읽을 때에는 각 인물의 특징을 잘 살펴보세요. 고효민, 임수현, 강주목 3명의 성격이 고학년 아이들의 특성을 잘 반영하고 있습니다. 학급에서 비슷한 성격의 친구들이 있는지, 나는 어떤 인물과 가까운지, 또는 어떤 인물과 비슷한 친구를 좋아하는지 등에 대해서도 이야기 나누어 볼 수 있어요.<br>가난을 대하는 태도, 친구들에게 주목받고 싶은 심리, 친구들에게 소외되지 않기 위해 하는 행동에 대해서도 이야기해 본다면 이 책을 더 깊이 있게 이해할 수 있을 거예요. 또 '학급 친구들이 분위기를 몰아가는 과정'에 대해 생각하면서 읽으면 좋겠습니다. 학급에서 가장 신뢰받는 아이가 학급에서 소외되는 과정에서 어떤 일이 일어났으며 학급의 친구들은 어떻게 대처했는지 이야기 나누어 보세요. 고학년 교실에서 한 아이가 소외되어 가는 과정을 아주 현실적으로 잘 그리고 있습니다. 굉장히 짧은 책이지만 많은 이야깃거리와 생각거리가 담긴 책입니다. |
| 북 토크 | 1. 이 이야기에 중심이 되는 사건은 무엇인가요?<br>2. 고효민의 '나는 아무 말도 할 수 없었다.'에 담긴 의미는 무엇일까요?<br>3. 친구의 비밀을 끝까지 지켜주기 vs 누명 벗기, 나는 어떤 선택을 할 것인가요?<br>4. 친구와 가정 형편, 성적, 외모 등을 비교하며 우월감이나 열등감을 느낀 적이 있나요?<br>5. 고효민과 임수현의 가난을 대하는 태도에 대해 이야기해 보아요. 나라면 어느 쪽에 가까운 태도를 보일까요?<br>6. 학급의 전체적인 분위기에 이끌려 친구를 소외시키는 데 동조, 방관하는 것이 불러오는 문제점은 무엇일까? |
| | #우정 #비밀 #학급분위기 #소외 #화해 |
| 가지 뻗기<br>연계 활동 | ★ 영화<br>〈굿바이 마이 프렌즈〉, 〈언터쳐블: 1%의 우정〉, 〈폭풍우 치는 밤에〉 | ★ 심화 독서<br>《기소영의 친구들》, 《체리새우 : 비밀글입니다》, 《가부와 메이 이야기》 |
| 교과 연계 | [6국02-03] 글을 읽고 글쓴이가 말하고자 하는 주장이나 주제를 파악한다.<br>[6도02-02] 편견이 발생하는 이유를 탐색하여 해결 방안을 살펴보고, 다양성 존중을 바탕으로 다른 사람과 올바른 관계를 맺기 위한 실천 방안을 탐구한다. |

| 책 제목 | **우리 반 홍범도**<br>정명섭 글/ 정용환 그림/ 리틀씨앤톡 | |
|---|---|---|
| 책 소개 | 일제 강점기 대한독립군의 총사령관이었던 홍범도 장군은 평생을 조국의 독립을 위해 몸 바쳤습니다. 연해주에 있는 고려인들은 중앙아시아로 강제 이주하게 되면서 이때 홍범도 장군도 이주하게 됩니다.<br>홍범도 장군은 나이가 들어 카자흐스탄의 극장 수위로 일을 하던 중 괴한의 습격을 받아 저승사자 카론을 만납니다. 아직 수명을 다하지 않은 홍범도에게 찾아온 카론은 곤란하며 제 수명을 찾아가는 방법을 제시하며 소원을 말하라고 합니다. "조선의 독립을 보고 싶소"라고 말한 홍범도는 김범도라는 아이가 되어 독립을 이룬 현대의 대한민국 초등학교에 보내집니다. 일제 식민 사관을 아무렇지 않게 말하는 남우혁이라는 반 친구와 역사 토론 배틀을 펼치게 되는데요. 그 과정에서 우리의 일제 강점기에 대한 올바른 역사의식이 얼마나 중요한지에 대해 깨닫게 합니다.<br>중국의 동북공정, 일본의 독도에 관한 주장 등 지금도 우리는 역사 왜곡에 맞서야 하는 처지에 있습니다. 올바른 역사의식을 가지고 있어야 우리의 역사를 지킬 수 있습니다. 이러한 관점에서 우리의 역사에 대해 제대로 알고 그것을 바탕으로 앞으로 한 걸음 더 나아간 미래를 만들기 위해서 우리는 어떤 일을 해야 할지 생각해 보면서 책을 읽어 봤으면 좋겠습니다. | |
| 북 토크 | 1. 홍범도 장군은 독립 운동에 어떻게 기여했나요?<br>2. 역사 배틀에서 남우혁과 김범도의 주장과 근거를 각각 말해 봅시다.<br>3. 독립운동을 선택한 사람들은 어떤 의지와 신념을 가지고 있었을까요?<br>4. 독립운동가들에게 하고 싶은 말이 있나요?<br>5. 일본의 침략은 조선의 발전을 가져다준 것이라는 의견에 동의하나요?<br>6. 역사에 대한 올바른 인식이 필요한 이유는 무엇일까요? | |
| | #독립운동 #애국심 #역사의식 | |
| 가지 뻗기<br>연계 활동 | ★ 영화<br>〈영웅〉, 〈항거〉 | ★ 심화 독서<br>《너의 운명은》, 《책과 노니는 집》, 《한성이 서울에게》, 《초정리 편지》 |
| 교과 연계 | [6사06-01] 일제의 식민 통치와 이에 대한 저항이 사회와 생활에 미친 영향을 이해한다.<br>[6사04-04] 광복을 위하여 힘쓴 인물(이회영, 김구, 유관순, 신채호 등)의 활동을 파악하고, 나라를 되찾기 위한 노력을 소중히 여기는 태도를 기른다. | |

# [5학년 8월] 한국사

| 책 제목 | **우리나라 구석구석 지도 위 한국사**<br>정일웅, 표정옥 글/ 이케이북 |
|---|---|
| 책 소개 | 한국사의 흐름을 파악하기에 좋은 책이에요. 우리나라 역사를 시대별로 이야기 형식으로 잘 풀어놓았어요. 역사 공부를 하다보면 지명이 많이 나오는데 그 지역이 어디쯤 있는지 헷갈리고 궁금할 때가 많아요. 이 책에서는 시대별 설명을 할 때 첫 부분에 지도가 나와요. 그 지도에 해당 지역이 표시되어 있답니다. 그래서 한눈에 위치를 알 수 있어요. 지리적 위치와 함께 시대의 역사 흐름을 공부할 수 있어서 역사를 더 입체적으로 이해할 수 있습니다.<br>이 책을 읽을 때에는 책의 장점을 충분히 활용하여 역사의 무대가 되는 지리적 위치를 파악하고 하나하나의 역사적 지식을 외우려고 하기보다는 물 흐르듯 시간의 흐름에 맡겨보면서 읽으면 좋겠습니다. 그렇게 읽더라도 시대별로 중요한 핵심을 빨간색 굵은 글씨의 제목으로 표시해 두었기 때문에 기억에 잘 남아요.<br>시간과 여건이 허락한다면 주말, 방학을 이용하여 지도에 소개된 유적지를 돌아보세요. 역사를 책에서만 배우는 평면적인 지식이 아니라 살아 있는 입체적인 지식으로 체득할 수 있을 거예요. |
| 북 토크 | 1. 고조선부터 대한민국까지 시대순으로 나라의 이름을 말해 볼까요?<br>2. 내가 사는 곳과 가장 가까운 유적지를 찾아볼까요? 그리고 답사 계획을 세워 봅시다.<br>3. 가장 관심이 있는 시대는 언제인가요? 그 이유는 무엇인가요?<br>4. 타임머신을 탈 수 있다면 어느 시대로 가 보고 싶나요? 그 이유는 무엇인가요?<br>5. 우리나라 역사상 가장 힘들었던 시기는 언제라고 생각하나요? 그 이유는 무엇인가요?<br>6. 역사를 배우는 이유는 무엇일까요? |

#한국사 #역사 #한국 지리 #지도와 함께 배우는 한국사

| 가지 뻗기<br>연계 활동 | ★ 영상<br>〈EBS 역사가 술술〉<br>〈EBS 스토리 한국사〉 | ★ 심화 독서<br>《그게몬데 지식 탐험대 : 우리 문화재》 |
|---|---|---|
| 교과 연계 | [6사03-03] 고려를 세우고 외침을 막는 데 힘쓴 인물(왕건, 서희, 강감찬 등)의 업적을 통하여 고려의 개창과 외침 극복 과정을 탐색한다.<br>[6사03-05] 조선을 세우거나 문화 발전에 기여한 인물(이성계, 세종대왕, 신사임당 등)의 업적을 통해 조선 전기 정치와 민족문화의 발전상을 탐색한다. | |

# [5학년 9월] 차별과 평등

| 책 제목 | **홍길동전**<br>정종목 글/ 이광익 그림/ 창비 |
|---|---|
| 책 소개 | 홍길동전은 우리 고전 가운데에서도 많이 알려진 이야기 중 하나입니다. 세세한 이야기를 다 모르더라도 전체적인 흐름과 주제 정도는 모르는 사람이 없을 정도로 유명하지요.<br>홍길동전을 읽을 때에는 홍길동이 그 시대에 겪게 되는 사회적 차별에 대해 생각해 보면 좋겠습니다. 또한 홍길동이 사회적 차별에 순응하지 않고 바꾸고자 했던 노력, 노력에도 불구하고 기존 사회를 변화시킬 수 없었던 한계, 시대적 상황 등 생각할 거리가 많습니다.<br>비범한 출생, 고난, 영웅적 활약, 왕이 되는 홍길동의 일대기에서 영웅 소설의 전형적인 형식에 대해서도 배울 수 있습니다. |
| 북 토크 | 1. '아버지를 아버지라 부르지 못하고 형을 형이라 부르지 못하니, 그 한을 풀 길이 없어 원망스러울 따름입니다'에 담긴 뜻을 생각해 봅시다.<br>2. 홍길동이 만들고자 했던 이상적인 사회는 어떤 사회인가요?<br>3. 책 속 시대와 지금 우리가 살아가는 시대의 다른 점을 찾아볼까요?<br>4. 우리가 살아가는 지금도 차별은 존재합니다. 책 속 시대의 차별과 비교해서 말해볼까요?<br>5. 내가 만약 홍길동이 살았던 시대에 태어났다면 사회적 차별에 대해 어떻게 대응했을까요?<br>6. 홍길동전은 '최초의 한글 작품'입니다. 그 사실이 우리에게 주는 의미는 무엇일까요?<br>7. 차별이 사회에 미치는 영향에 대해 생각해 보아요. |

#차별 #신분 제도 #이상 사회 건설

| 가지 뻗기<br>연계 활동 | ★ 영상<br>〈홍길동(1967) 복원본〉<br>https://www.youtube.com/watch?v=wcXignso3pk | ★ 심화 독서<br>《어둠을 걷는 아이들》 |
|---|---|---|
| 교과 연계 | [6도03-02] 정의에 관한 관심을 토대로 공동체 규칙의 중요성을 살펴보고 직접 공정한 규칙을 고안하며 기초적인 시민의식을 기른다.<br>[6사04-02] 조선 사회의 모순을 극복하기 위해 개혁을 시도한 인물(정약용, 흥선 대원군, 김옥균과 전봉준 등)의 활동을 중심으로 사회 변화를 위한 옛 사람들의 노력을 탐색한다. | |

# [5학년 9월] 차별과 평등

| 책 제목 | **우리 역사에 숨어있는 양성평등의 씨앗**<br>김영주, 김은영 글/ 최경식 그림/ 북멘토 | |
|---|---|---|
| 책 소개 | 고조선부터 현대에 이르기까지 우리 역사 속에서 양성평등의 가치를 지향하며 이루어졌던 여러 정책과 제도, 문화들이 소개되어 있습니다.<br>'역사 속으로 - 지금 우리는 - 세계는 지금'과 같이 세 단계로 해당 정책의 변화를 소개한 점도 인상적이며 양성평등이 현대 사회에서 불쑥 튀어나온 가치가 아니라는 사실을 알게 해 줍니다. 역사를 통해 현재 우리 사회의 모습을 돌아보고, 평등한 미래를 꿈꿀 수 있는 시간을 가져 봅시다. | |
| 북 토크 | 1. 책 내용 중 가장 인상 깊었던 제도나 인물을 고르고 이유를 나눠 봅시다.<br>2. 성별이 다르다는 이유로 차별을 받아본 적이 있거나 목격한 적이 있나요?<br>3. 양성평등 기본법에 대해 더 알아보고 이런 법이 통과되면 어떤 점이 달라질지 생각해 봅시다.<br>4. 성별에 따른 차이와 차별은 어떻게 다를까요?<br>5. 왜 우리는 차별이 없는 사회를 꿈꿀까요?<br>6. 신문 기사에서 '성평등', '성차별' 등의 단어를 검색해 보고 인상 깊은 기사를 친구들과 나눠 봅시다. | |
| | #차별 #성평등 #평등 #평등한 사회 | |
| 가지 뻗기<br>연계 활동 | ★ 영상<br>〈[SBS 뉴스] 노벨평화상 말랄라 유사프자이〉<br>https://youtu.be/hnf41mIsHxI?si=SrTHoFXVYB2aNhUs<br><br>〈[세바시] 페미니스트로 행복하게 살기〉<br>https://youtu.be/DOuv8Uc53Qo?si=RGLx-HJg_umfXO3H | ★ 심화 독서<br>《소리 질러, 운동장》,<br>《클로디아의 비밀》 |
| 교과 연계 | [6도02-02] 편견이 발생하는 이유를 탐색하여 해결방안을 살펴보고, 다양성 존중을 바탕으로 다른 사람과 올바른 관계를 맺기 위한 실천 방안을 탐구한다.<br>[6사02-01] 인권의 중요성을 인식하고 인권 신장을 위해 노력했던 옛 사람들의 활동을 탐구한다. | |

## [5학년 10월] 사회 탐구

| | |
|---|---|
| 책 제목 | **딸기 우유 공약**<br>문경민 글/ 허구 그림 / 주니어김영사 |
| 책 소개 | 주인공 나현이는 '학교 급식 우유를 딸기 우유로 바꾸기'라는 공약으로 전교 어린이 회장 선거에 입후보합니다. 그리고 북한 이주 소년 덕주는 유일한 가족인 치매 할머니를 위해 나현이의 공약이 꼭 실현되었으면 하는 마음을 담아 함께 선거운동에 참여하지요. 선거 운동은 점점 고조되어 가던 중 나현이의 경쟁 상대 후보인 시은이의 부정한 행동 때문에 선거는 중단됩니다. 하지만 아이들은 이번 선거 운동으로 저마다의 고민과 아픔을 승화하여 한층 성장합니다.<br>이 책은 학생들에게는 선거에 대한 경험이 익숙하기에 공감하며 읽기 좋아요. 이 책을 읽으며 선거의 필요성과 공정한 선거 운동, 공약의 현실성 및 중요성을 생각해 보길 바랍니다. |
| 북 토크 | 1. '공약'의 정확한 뜻을 사전에서 찾아봅시다. 지금까지 경험했던 선거 중 공약을 가장 잘 이행한 후보가 있었는지 이야기해 봅시다.<br>2. 교장선생님은 왜 후보자들에게 공약 토론회를 하도록 했을까요?<br>3. 전교 어린이 회장 후보인 나현, 시은, 미주의 공약을 다시 읽어 보고 잘된 점과 보충할 점을 이야기해 봅시다.<br>4. '공약'을 평가하는 나만의 기준이 있다면 무엇인가요?<br>5. 내가 전교 어린이 회장 선거에 나간다면 어떤 공약을 내세울 것인지 생각해 봅시다. 그리고 공약 발표문을 써 봅시다.<br>6. 공정한 선거란 어떻게 진행되어야 할까요? 후보자 외에 유권자인 우리가 할 수 있는 일은 무엇인지 생각해 봅시다.<br>7. 이야기 속 등장인물들과 나를 비교해 보고 나와 닮은 인물에 대해서 이야기를 나누어 봅시다. |
| | #우정 #정의 #자치 #선거 |
| 가지 뻗기 연계 활동 | ★ 영상<br>〈중앙선거관리위원회 새내기유권자 선거교육 강의〉<br>https://youtu.be/K2aW48ZHe9Q<br>https://youtu.be/yzpxMoFwEfY<br>https://youtu.be/uHYrjuxmnCw | ★ 심화 독서<br>《법, 법대로 해!》, 《재판을 신청합니다》, 《우리 반 선거 대장 나민주가 간다!》, 《기호 3번 안석뽕》 |
| 교과 연계 | [6사08-01] 민주주의에서 선거의 의미와 역할을 파악하고, 시민의 주권 행사를 위해 선거에 참여하는 태도를 기른다.<br>[6사05-03] 일상생활에서 경험하는 민주주의 실천 사례를 탐구하여 민주주의의 의미와 중요성을 파악하고, 생활 속에서 민주주의를 실천하는 태도를 기른다. |

## [5학년 10월] 사회 탐구

| 책 제목 | **악플 전쟁**<br>이규희 글/ 한수진 그림/ 별숲 |
|---|---|
| 책 소개 | 서울에서 전학 온 서영이는 예쁘고 성격도 좋아 금세 학급 친구들의 관심을 한 몸에 받습니다. 하지만 이 상황이 불편한 5학년 5반의 짱오클럽 리더 미라.<br>약이 오른 미라는 '흑설공주'라는 닉네임에 숨어 자신이 운영하는 인터넷 카페에 서영이에 대한 거짓 소문을 퍼뜨리지요. 왕따 민주는 이 상황을 다 알고 있었지만 자신에게 피해가 될까 모른 척 방관합니다. 그러다 서영이가 너무 힘들어하는 모습을 보고 민주는 용기 내어 사실을 밝히고 미라와 민주가 서영이에게 사과하는 것으로 마무리됩니다.<br>이 책에는 악플로 인해 상처받는 서영이의 모습과 심리 변화가 생생하게 표현되어 있습니다. 그 덕분에 읽는 학생들도 악플이 한 사람을 망가뜨리는 엄청난 힘을 가졌다는 것을 깨달을 수 있을 거예요. 이 책을 읽으며 사이버 공간일수록 상대를 존중하는 태도를 가져야 함을 느끼길 바랍니다. |
| 북 토크 | 1. 미라가 서영이를 거짓 소문으로 괴롭힌 이유는 무엇이었을까요?<br>2. 미라는 왜 직접 이야기하지 않고 '흑설공주'라는 익명으로 소문을 퍼뜨렸을까요?<br>3. 내가 서영이라면 이런 상황을 어떻게 대처했을까요? 또한 민주였다면 어떻게 행동했을지 상상해 봅시다.<br>4. 가짜 뉴스가 가진 위험성은 무엇일까요?<br>5. 주변에 가짜 뉴스로 고통받는 상황에 대해서 조사해 봅시다.<br>6. 가짜 뉴스를 근절하는 방법에는 어떤 것이 있을까요?<br>7. 사이버 공간에서 내가 어떻게 행동해야 할지에 대한 다짐을 써 봅시다. |
| | #정의 #사이버 폭력 #가짜 뉴스 |
| 가지 뻗기 연계 활동 | ★ 영상<br>〈지식채널e - 보이지 않아서〉<br>https://www.youtube.com/watch?v=1eNm-9U71us<br>〈JTBC 차이나는 클라스〉 무한한 정보 속 가짜를 피하고 진실을 읽는 3가지 방법〉<br>https://www.youtube.com/watch?v=ArU7T_i6_-A · ★ 심화 독서<br>《어린이가 알아야 할 가짜 뉴스와 미디어 리터러시》, 《13일의 단톡방》, 《스마트폰이 생겼어요》, 《가짜 뉴스를 시작하겠습니다》 |
| 교과 연계 | [6사08-03] 민주주의에서 미디어의 의미와 역할을 이해하고, 여러 가지 미디어의 내용을 비판적으로 분석하여 올바르게 이용하는 태도를 기른다.<br>[6도02-01] 사이버 공간에서 발생하는 여러 문제에 대한 도덕적 민감성을 기르며, 사이버 공간에서 지켜야 할 예절과 법을 알고 습관화한다. |

## [5학년 11월] 환경 보호

| 책 제목 | **갈매기에게 나는 법을 가르쳐 준 고양이**<br>루이스 세뿔베다 글/ 이억배 그림/ 유왕무 옮김/ 바다출판사 |
|---|---|
| 책 소개 | 기름 유출로 죽음의 바다에서 겨우 살아난 한 갈매기 켕가는 육지까지 겨우 날아와 검은 고양이 소르바스가 살고 있는 집 발코니에서 숨을 거둡니다. 켕가는 숨을 거두기 직전 알을 하나 낳으면서 이 알을 잘 돌봐 부화하여 나는 법을 가르쳐달란 말을 남긴 채요. 이에 소르보스는 아기 갈매기의 어미가 되어 항구의 다른 고양이들과 함께 아기 갈매기를 위험 속에서 지켜 내고 날 수 있게 도와줍니다.<br>인간의 횡포에 자연 속 동물들이 얼마나 고통받고 있는지를 느낄 수 있으며, 그럼에도 아기 갈매기를 지키기 위한 소르바소와 고양이들의 무조건적인 사랑은 읽으면서 큰 감동으로 다가옵니다. |
| 북 토크 | 1. 켕가는 소르바스에게 '자신의 아기 갈매기에게 나는 법을 가르쳐 달라'고 부탁합니다. 고양이인 소르바스는 날지 못하는데 왜 이렇게 불가능해 보이는 부탁을 했을까요?<br>2. 소르바스가 아포르투나다(아기 갈매기)를 돌봐 주고 지켜 준 원동력은 무엇이었을까요?<br>3. 만약 소르바스가 아포르투나다(아기 갈매기)에게 나는 법을 알려주지 않았다면 이야기는 어떻게 전개될지 상상해봅시다.<br>4. 작가는 고양이 소르바스를 통해 '서로 다른 존재들끼리의 진정한 애정'을 이야기합니다. 여러분도 이런 사랑을 느껴 본 적이 있나요?<br>5. 바다 기름 유출 사건에 대해 조사해 봅시다. 이 외에도 인간의 부주의로 동물들의 생명에 위협이 되는 사건들을 찾아본 후 이야기해 봅시다.<br>6. 이 책에서 가장 인상 깊은 구절이나 장면을 써 봅시다. |

#환경 보호 #무조건적인 사랑

| 가지 뻗기<br>연계 활동 | ★ 영상<br>〈[KBS 환경스페셜2] 데드존1-플라스틱 코끼리〉<br>https://youtu.be/ouruW-J4-0U?si=Ldm35sieXEHUXNrG<br>〈[JTBC 차이나는 클라스] 생태계 파괴와 지구온난화〉<br>https://www.youtube.com/watch?v=ZPp4l7l5sro | ★ 심화 독서<br>《선생님, 기후 위기가 뭐예요?》《달력으로 배우는 지구환경 수업》 |
|---|---|---|
| 교과 연계 | [4도04-01] 생명의 소중함을 이해하고 인간 생명과 환경 문제에 관심을 가지며 인간 생명과 자연을 보호하려는 태도를 가진다.<br>[4도04-02] 인간과 자연이 함께 살아야 하는 이유를 이해하고 공생을 위한 구체적인 실천 계획을 세우며 생태 감수성을 기른다. | |

# [5학년 11월] 환경 보호

| | |
|---|---|
| 책 제목 | **라면을 먹으면 숲이 사라져**<br>최원형 글/ 이시누 그림/ 책읽는곰 |
| 책 소개 | 이 책에는 구스 점퍼를 만들기 위해 산채로 털이 뽑혀 버린 거위, 이상기후와 전자파, 살충제 때문에 사라지는 벌, 이상 고온 현상으로 멸종위기에 처한 북극곰, 공장식 축산으로 사료를 먹고 자란 소의 똥을 굴리다 멸종되는 쇠똥구리 등 고래 똥 생태 연구소를 찾아온 동물들의 안타까운 사연이 담겨 있습니다. 그런데 이러한 환경 문제는 생각보다 가까이에 있어요. 이 책에서는 우리가 즐겨 먹는 라면을 만들기 위해 숲이 파괴되고 제대로 끄지 않은 전기 스위치에 더 많은 온실가스가 배출되는 등 나의 작은 행동이 지구 환경을 해치게 된다고 경고하고 있습니다.<br>이 책을 읽으며 모른 채 지나갔던 환경 문제에 관심을 갖고 환경 보호를 위한 작은 행동부터 실천으로 옮길 수 있길 바랍니다. |
| 북 토크 | 1. 라면을 먹으면 숲이 사라지는 이유는 무엇입니까? 육류 소비와 탄소 배출로 인한 온실가스와는 어떤 관계가 있는지 알아봅시다.<br>2. '사람의 편리를 위해 산에 도로를 만든다 vs 산에 사는 동물들의 터전을 해치는 일이므로 도로를 만들지 않는다' 여러분의 생각은 무엇인가요? 근거를 들어 글을 써 봅시다. 아울러 사람과 동물이 모두 편리하고 안전한 방법은 없을지 생각해 봅시다.<br>3. 벌이 생태계에서 중요한 생물로 꼽히는 이유는 무엇입니까? 벌이 사라지지 않게 하기 위해 우리가 실천할 수 있는 행동들을 이야기 나누어 봅시다.<br>4. 우리가 겨울에 입는 구스 점퍼, 모피 코트 등을 대체할 수 있는 겨울옷은 어떤 것이 있을까요? 유행에 따라 옷을 자주 많이 사는 행동이 환경에 얼마나 치명적인지 생각해 봅시다.<br>5. 우리의 생활을 편리하게 해 주는 물건들이 반대로 지구 환경에는 안 좋은 영향을 끼치는 경우가 많습니다. 그렇다면 여러분은 불편함을 감수하고 환경을 지킬 것인가요? 사례를 들어 이야기를 나누어 봅시다.<br>6. 우리가 자연과 친해지는 방법은 무엇일까요? 다양한 생각을 이야기 나누어 봅시다. |
| | #지구 #환경 #생태 |
| 가지 뻗기<br>연계 활동 | ★ 영상<br>〈[KBS 다큐멘터리] 붉은 지구 감상〉<br>https://www.youtube.com/<br>watch?v=0a7y1DEuASM&t=888s<br>https://www.youtube.com/<br>watch?v=Z9F_o51B6Rs | ★ 심화 독서<br>《생명, 알면 사랑하게 되지요》, 《로봇 벌 알파》, 《다이브》, 《환경과 생태 쫌 아는 10대》 |
| 교과 연계 | [6도04-02] 지속가능한 삶의 의미를 탐구하고 미래세대에 대한 책임을 강화하여 자연의 다양성을 존중하고 생산성을 유지할 수 있는 미래를 위한 실천 방안을 찾는다.<br>[6사08-05] 지구촌의 주요 환경문제를 조사하여 해결 방안을 탐색하고, 환경문제 해결에 협력하는 세계시민의 자세를 기른다. |

# [5학년 12월] 현대 사회와 사회 갈등

| 책 제목 | **김대식 교수의 어린이를 위한 인공지능**<br>김대식, 이현서 글/ 이강훈 그림/ 동아시아 사이언스 |
|---|---|
| 책 소개 | 어린이를 위해 쓴 인공지능 학습서로 성큼 다가온 4차 산업 혁명 시대의 화두인 인공지능에 대한 이해를 높이도록 도와줍니다. 책에서 저자는 인공지능과 인간의 차이점을 설명하고 인공지능을 활용하는 방법을 제시하며 나아가 이제 인간에게 가장 요구되는 능력은 기계에게 창의적인 질문을 던지는 능력이라고 말하지요.<br>인간의 지능을 뛰어넘는 강한 인공지능 시대가 온다면 우리는 어떤 준비를 해야 하고 그 시대를 어떻게 맞이해야 할지 이 책을 통해 고민하는 시간을 가졌으면 합니다. |
| 북 토크 | 1. 딥러닝, 빅데이터, 자율주행차, 사물인터넷, 카토피아와 카디스토피아, 메타버스, 생성 인공 지능 등 이 책에서 제시한 4차 산업혁명과 관련된 새로운 용어들을 정리해 봅시다.<br>2. 인공지능의 발전이 우리 사회에 가져올 긍정적인 점과 부정적인 점을 이야기해 봅시다.<br>3. 4차 산업혁명에서 사라질 직업과 새로 생겨날 직업을 조사하여 정리해 봅시다.<br>4. 강한 인공지능 시대에 살아남기 위해 우리에게 필요한 능력은 무엇일까요? 또한 이러한 능력을 개발하기 위해 우리는 어떤 노력을 해야 할까요?<br>5. '인공지능의 발전이 사람들의 삶을 더욱 행복하게 할 것인가'에 대한 자신의 의견을 정리해 보고 찬반 토론을 해 봅시다. |

#인공지능 #4차 산업 혁명 #로봇

| 가지 뻗기<br>연계 활동 | ★ 영화<br>〈아이 로봇〉<br>★ 영상<br>〈[세바시] 인공지능의 주인이 되기 위해 반드시 알아야 할 것들〉<br>https://www.youtube.com/watch?v=umpsXnXNkos<br>〈KBS : 뇌과학자가 알려주는 AI의 미래〉<br>https://www.youtube.com/watch?v=g7CjoYJ2TXA | ★ 심화 독서<br>《과학관으로 온 엉뚱한 질문들》,《로봇중독》,《로봇형 로봇 동생》,《십대가 알아야 할 인공지능과 4차 산업혁명의 미래》 |
|---|---|---|

| 교과 연계 | [6도02-03] 인간과 인공지능 로봇 간의 다양한 관계를 파악하고 도덕에 기반을 둔 관계 형성의 필요성을 탐구한다.<br>[6실05-06] 생활 속에서 로봇 활용 사례를 통해 작동 원리와 활용 분야를 이해한다. |
|---|---|

# [5학년 12월] 현대 사회와 사회 갈등

| 책 제목 | **난민 말고 친구**<br>최은영 글/ 신진호 그림/ 마주별 |
|---|---|
| 책 소개 | 주인공 미아, 유림이, 사라는 절친입니다. 세 친구 중 사라는 시리아에서 떠나 온 난민이지만 정식 난민으로 인정받지 못해 매년 심사를 받아야 해요. 그러던 어느 날 유림이는 자신에게 소중했던 삼촌이 시리아로 떠나버렸고, 삼촌이 떠난 이유가 사라 때문이라고 생각해 사라에게 모질게 대하고 말지요. 결국 오해는 풀리고 세 친구의 우정은 다시 돈독해지지만 그 와중에 사라의 난민 심사 불인정 소식을 듣게 됩니다. 이에 미아와 유림이는 사라를 위해 할 수 있는 친구로서의 일을 하며 이야기는 마무리됩니다.<br>이제는 더 이상 우리나라도 난민 문제에서 자유로울 수는 없어요. 책 속에 묘사된 난민 문제에 대한 우리 사회의 다양한 시각과 갈등을 함께 읽으며 난민 문제에 더욱 관심을 가지고, 생각의 지평을 넓히는 계기가 되길 바랍니다. |
| 북 토크 | 1. 이 책의 제목이 '난민 말고 친구' 인 이유를 생각해 봅시다.<br>2. 내가 미아, 유림이라면 난민 불인정 결정을 받은 사라를 위해 어떤 일을 할 수 있었을지 생각해 봅시다.<br>3. 난민이 발생하는 다양한 사례를 찾아봅시다.<br>4. 내가, 우리가 난민이 된다면 어떤 기분일지 상상해 봅시다.<br>5. 국제 난민을 우리나라가 수용하는 것에 대해 찬성하는 이유와 반대하는 이유를 각각 조사해 봅시다.<br>6. 국제 난민 수용에 대한 자신의 의견이 찬성과 반대 중 무엇인지 생각해 보고 나의 주장과 이유를 글로 정리해 봅시다. |

#난민 #인권 #세계시민교육

| 가지 뻗기<br>연계 활동 | ★ 영화<br>〈가버니움〉<br>★ 영상<br>〈[KBS 창] 나의 난민 너의 난민〉<br>https://www.youtube.com/<br>watch?v=rloH9Gou2HM | ★ 심화 독서<br>《교실 뒤의 소년》, 《아프리카 수단 소년의 꿈》, 《전쟁 없는 세상을 꿈꾸는 난민》, 《인권도 난민도 평화도 환경도 NGO가 달려가 해결해 줄게》 |
|---|---|---|
| 교과 연계 | [6도02-02] 편견이 발생하는 이유를 탐색하여 해결방안을 살펴보고, 다양성 존중을 바탕으로 다른 사람과 올바른 관계를 맺기 위한 실천 방안을 탐구한다.<br>[6도03-01] 인권의 의미와 인권을 존중하는 삶의 중요성을 이해하고, 인권 존중의 방법을 익힌다. | |

## [6학년 1월] 사명감, 봉사, 용기

| 책 제목 | **꿈을 가져도 되오?**<br>오채 글/ 단비 |
|---|---|
| 책 소개 | 김점동, 김 에스더, 박 에스더. 이 세 개의 이름은 한 여성의 이름입니다. 태어나며 자연스레 받은 이름, 스스로 운명을 개척하며 얻은 이름이지요. 이 책은 여성의 삶에서 중요한 것이 시집가서 아들을 낳는 것이라고 여기던 시절을 배경으로 합니다. 여자로 태어났기에, 쓸모없는 계집이란 소리를 수없이 들으면서도 끊임없이 자신의 꿈을 향해 고민하고 도전했던 점동의 모습은 가슴을 뭉클하게 합니다. 점동이 자기가 되고 싶은 꿈을 향해 힘든 순간을 참고 극복하는 모습도 감동적이지만, 우리나라 첫 여의사가 되어 사명감을 가지고 도움이 필요한 사람들을 위해 헌신하는 모습은 마음 깊은 곳에 울림을 줍니다. 우리가 꿈을 가지는 이유, 꿈을 이룬 후 어떤 방향으로 살아갈지를 생각해 보게 하는 책입니다. |
| 북 토크 | 1. 점동의 이름이 김점동에서 김에스더, 박에스더로 바뀝니다. 바뀌게 된 이유는 무엇인가요?<br>2. 점동의 남편은 미국에서 이 병에 걸려 사망합니다. 점동도 한국으로 돌아와 몸을 아끼지 않고 의료 일을 하다가 이 병에 걸립니다. 점동의 생명을 앗아간 병은 무엇인가요?<br>3. 내가 점동이었다면 의사로서 명성과 함께 경제적으로 성공할 수 있는 길을 버릴 수 있을까요?<br>4. 점동이 미국으로 유학 가지 않고 부모님이 권하는 삶을 살았다면 어떤 삶을 살았을까요?<br>5. 점동이 가진 가치관은 무엇일까요? 대표적인 세 가지만 말해 봅시다.<br>6. 어려움을 극복하고 목표를 이룬 사람들의 공통점을 생각해 봅시다.<br>7. 명성과 함께 경제적으로 성공을 거둘 수 있는 길을 뒤로 하고 힘든 길을 선택한 사람들을 알고 있나요? 그들은 왜 그런 선택을 한 것일까요?<br>8. 사명감을 가지고 일을 한다는 것은 어떤 것을 말하나요? |

#사명감 #봉사 #용기 #직업 윤리

| 가지 뻗기<br>연계 활동 | ★ 영화<br>〈울지마 톤즈 1, 2편〉<br>★ 영상<br>〈[대화의 희열] 이국종 편〉 | ★ 심화 독서<br>《김란사, 왕의 비밀문서를 전하라!》<br>《간송미술관에는 어떤 보물이 있을까?》 |
|---|---|---|
| 교과 연계 | [6국05-06] 작품을 읽고 자신의 삶과 연관 지어 성찰하는 태도를 지닌다.<br>[6도02-01] 봉사의 의미와 중요성을 이해하고, 타인이 처한 상황과 환경에 대한 주의 깊은 관심을 바탕으로 봉사를 실천한다. | |

# [6학년 1월] 사명감, 봉사, 용기

| 책 제목 | **로봇 박사 데니스 홍의 꿈 설계도**<br>데니스 홍 글/ 유준재 그림/ 샘터 |
|---|---|
| 책 소개 | 세계적인 로봇 권위자 데니스 홍에 관한 책입니다. 과학에 관심이 없는 학생들도 재미있게 읽을 수 있을 정도로 이 로봇 과학자의 인생 이야기는 흥미롭습니다. 아이들이 이책을 읽으며, 집중하는 부분은 과학자로서의 성장이나 놀라운 기술을 가진 로봇이 만든 과정보다 마지막 4장, 세상과 나누는 꿈을 읽을 때입니다. 이 책이 단지 로봇을 만들어 성공한 이야기가 아니라 나눔이 곧 발전이며 과학자의 가슴이 인간을 생각해야한다는 데니스 홍 박사의 소신을 읽을 때 감동합니다. 요즘 아이들에게 공부하는 이유를 물으면 '성공하기 위해'라는 표현을 씁니다. 이미 성공한 과학자가 말하는 나눔과 과학자로서의 소신은 그가 만든 로봇이 누구를 위한 발전인지를 생각해 보게 합니다. 또아이들에게 삶의 '방향'에 대해 생각할 계기도 줍니다. |
| 북 토크 | 1. 데니스 홍 박사가 어린 시절 빠져들었던 영화의 제목은 무엇인가요?<br>2. 데니스 홍 박사는 '커리어 어워드 상'을 받았습니다. 그때 만들겠다고 했던 로봇은 무엇이었나요?<br>3. 데니스 홍 박사의 초기 연구제안서는 여러 번 거절당합니다. 나라면 다시 도전할 용기를 낼 수 있었을까요?<br>4. "다른 사람의 생각을 비판하지 않는다"는 데니스 홍 박사의 연구소에서 하는 수업 방식에 대해 어떻게 생각하나요? 우리가 교실에서 어떤 수업을 받을 때 유용할지 생각해 봅시다.<br>5. 많은 돈을 벌 수 있는 기술 '브라이언'을 미국 시각장애인협회에 기증한 데니스 홍 박사의 결정에 대해 여러분은 어떻게 생각을 하나요?<br>6. 데니스 홍 박사가 연구한 로봇 '다윈'의 기술을 공짜로 개방하며 믿었던 것 "나눔은 곧 발전이 된다"에 대해 여러분은 어떻게 생각하나요? 나눔을 통해 이웃과 세상에게 도움을 준 사례를 찾아봅시다.<br>7. 과학 기술의 발전을 중요하게 여깁니다. 과학 기술의 발전이 개인에게 명성과 부를 가져다줄 수 있습니다. 하지만 데니스 홍 박사가 추구하는 과학자의 삶은 달라 보입니다. '사람을 돕는 따뜻한 로봇을 만들고 싶다'는 데니스 홍 박사의 생각에 대해 어떻게 생각하나요? |
| | #사명감 #봉사 #용기 #직업 윤리 |
| 가지 뻗기<br>연계 활동 | ★ 영상<br>〈[유 퀴즈 온 더 블럭] 신이 아닌가, 데니스 홍〉<br>〈[유 퀴즈 온 더 블럭] 뚝심, WHO 과학부 김록호 국장〉 | ★ 심화 독서<br>《어둠을 치우는 사람들》,<br>《작전명 말모이, 한글을 지킨 사람들》 |
| 교과 연계 | [6국05-06] 작품을 읽고 자신의 삶과 연관 지어 성찰하는 태도를 지닌다.<br>[6도02-03] 인간과 인공지능 로봇 간의 다양한 관계를 파악하고 도덕에 기반을 둔 관계 형성의 필요성을 탐구한다. |

## [6학년 2월] 행복

| 책 제목 | **행복한 청소부**<br>모니카 페트 글/ 안토니 보라틴스키 그림/ 김경연 옮김/ 풀빛 |
|---|---|
| 책 소개 | 제목처럼 청소부 아저씨가 주인공입니다. 청소부 아저씨는 자기가 맡은 일에 정성을 다합니다. 어느 날 자기가 닦았던 표지판에 적힌 사람들에 대해 아무것도 알지 못한다는 사실을 깨닫고 일이 끝나면 열심히 공부했습니다. 표지판을 닦으며 거기에 쓰인 이름들에 대해 이야기하는 걸 우연히 듣게 된 사람들이 아저씨의 강연을 들으러 모여듭니다. 인기가 많아져 유명한 곳에서 아저씨에게 강연을 요청하지만, 아저씨는 거절합니다. "강연을 하는 것은 오로지 나 자신의 즐거움 때문입니다"라고요.<br>아저씨가 자기가 맡은 일을 돈벌이의 수단으로만 여겼다면 '공부'하려고 하지 않았겠지요. 아저씨는 자기가 하는 일과 배움에 행복을 느꼈을 것입니다. 아저씨가 세상이 추구하는 명성보다 자기가 느끼는 행복이 무엇인지 알고, 자기 역할에 최선을 다하는 모습은 아이들에게 진정한 행복이 무엇인지 생각하게 합니다. 이 책은 두 가지 버전이 있습니다. 얇은 그림책 버전과 이보다 두꺼운 이야기책 버전입니다. 두 버전 모두 책 속 그림이 따뜻하고 정겹지만 두꺼운 그림책은 글밥이 많습니다. 얇은 그림책을 읽어 본 후 글밥이 많은 그림책을 읽어 보기를 추천합니다. |
| 북 토크 | 1. 청소부 아저씨는 어떤 거리의 표지판을 닦으시나요?<br>2. 청소부 아저씨는 지나가는 아이와 엄마의 대화를 듣고 공부를 하기로 합니다. 음악가와 작가 중 무엇부터 시작할지 정하려 할 때 어떤 식으로 순서를 결정했나요?<br>3. 청소부 아저씨가 아이와 엄마의 대화를 듣고도 여느 때와 같이 열심히 청소했다면 어땠을까요?<br>4. 내가 청소부라면 새로운 배움에 도전하고 오랜 시간 노력할 수 있을까요?<br>5. 내가 청소부 아저씨라면 강연을 듣길 원하는 방송국과 대학의 요청이 있을 때 어떻게 했을까요?<br>6. 청소부 아저씨는 "강연을 하는 건 오로지 내 자신의 즐거움을 위해서랍니다"라고 말합니다. 청소부 아저씨의 행복은 어떤 것이었을까요?<br>7. 내가 몰입해 보고 싶은 일은 무엇이며, 나는 어떤 행복을 느끼고 싶나요?<br>8. 내가 생각하는 행복의 정의를 내려 봅시다. |

#행복에 대한 성찰 #배움 #용기 #겸손

| 가지 뻗기<br>연계 활동 | ★ 영상<br>〈[유 퀴즈 온 더 블럭] 산타클로스의 선물〉 | ★ 심화 독서<br>《순례주택》, 《첼로 켜는 고슈》 |
|---|---|---|
| 교과 연계 | [6국05-04] 인상적인 부분을 중심으로 작품에 대한 의견을 나눈다.<br>[6도01-01] 자주적인 삶에 대한 이해를 바탕으로 자신의 생활계획을 세우고 실천하여 주체적인 삶의 태도를 기른다. | |

# [6학년 2월] 행복

| | |
|---|---|
| 책 제목 | **행복 지수 1위 덴마크의 비밀**<br>오연호 글/ 김진화 그림/ 사계절 |
| 책 소개 | 저자는 "여러분, 지금 행복하세요?"라는 물음을 우리나라 사람에게 하면 "네, 행복합니다"라는 대답을 듣지 못했다고 합니다. 누구나 행복하게 살고 싶어 하는데 무엇이 잘못된 것인지, 행복 지수 1위인 덴마크 사람들을 보며 찾고자 합니다. 행복하기 위한 조건이 개인만의 노력이 아니라 국가 정책 및 교육, 연대, 의식, 자유, 평등한 의식이 바탕이 되어야 함을 책을 읽으며 생각하게 됩니다. 이 책을 읽으며 국가와 사회가 나와 가족의 행복에 어떤 영향을 끼치는지 생각해 볼 수 있습니다. 6학년 사회 수업 시간에 민주적 의사 결정 및 정치, 입법부, 사법부, 행정부 등 우리나라를 이끌어 가는 대표적 기관들에 대해 배웁니다. '국가의 정치과 법, 사회'를 배우는 시기에 행복한 국가가 되기 위한 여러 조건에 대해 폭넓게 생각해 보면 좋겠습니다. |
| 북 토크 | 1. 덴마크는 어떤 나라인가요? 지리적 위치, 인구, 기후 등 자세히 알아봅시다.<br>2. 덴마크도 처음부터 행복 사회는 아니었습니다. 덴마크인들은 어떤 노력을 통해 평등하고 신뢰하는 문화가 싹텄을까요?<br>3. 덴마크의 의료 시스템 "주치의" 제도와 우리나라의 의료제도를 비교해 보고 차이점을 찾아봅시다.<br>4. 덴마크에서는 세금을 50%를 내면서 행복하다고 합니다. 그 이유는 무엇인가요?<br>5. 덴마크 사람들을 자전거를 많이 탑니다. 우리 지역에서 덴마크처럼 자전거를 탄다면 어떤 변화가 생길까요?<br>6. 덴마크의 공립학교 이야기를 읽으며 우리나라의 학교 제도와 비교하여 어떤 생각이 들었나요? 우리나라 교육이 배울 부분은 어떤 점일까요?<br>7. 행복한 우리나라가 되기 위해 정부와 국민이 할 일에 관해 이야기해 봅시다. |
| | #행복 #국가 제도 #사회 환경 |
| 가지 뻗기<br>연계 활동 | ★ 영화<br>〈소울〉, 〈프릿지 이야기〉 | ★ 심화 독서<br>《평범한 어린이가 말하는 모두의 행복》,<br>《파랑새》 |
| 교과 연계 | [6사08-02] 민주 국가에서 국회, 행정부, 법원이 하는 일에 대해 이해하고, 각 국가기관의 권력을 분립하는 이유를 탐색한다.<br>[6사12-02] 지구촌을 위협하는 다양한 문제들을 파악하고, 지속가능한 미래를 위한 해결 방안을 탐색한다. |

# [6학년 3월] 존중, 우정

| | |
|---|---|
| 책 제목 | **너도 하늘말나리야**<br>이금이 글/ 밤티 |
| 책 소개 | 이금이 작가의 작품으로 오랜 시간 사랑받고 있는 책입니다. 부모의 이혼으로 엄마와 달밭마을의 진료소에서 살게 된 미르는 엄마를 원망하고, 달밭마을에서 만난 친구들에게 마음을 열지 않습니다. 달밭마을에서 할머니와 단둘이 사는 소희는 늘 어른스럽고 모범적이지만 다른 사람에게 마음을 보이고 싶지 않습니다. 어릴 적 엄마를 잃은 충격으로 선택적 함구증에 걸린 바우는 소희와 아빠에게만 말을 합니다. 이 책은 세상의 시선으로 보면 결핍을 가진 세 명의 아이들의 건강한 성장을 담고 있습니다. 성장하는 과정에서 아이들이 겪게 되는 내적·외적 갈등, 수만 가지의 아픈 감정도 우정의 과정이며, 성장의 바탕이 됨을 공감하며 읽을 수 있습니다. 섬세하게 그려진 아이들의 마음들을 읽으며 내 주변 친구들의 마음은 어떨까, 주변을 살펴보고, 나의 마음은 어떤지도 들여다볼 수 있습니다. 세 명의 아이들의 이야기가 《소희의 방》, 《숨은 길 찾기》에서 계속 이어집니다. 함께 읽기를 추천합니다. |
| 북 토크 | 1. 미르와 엄마가 달밭 마을로 내려오게 된 이유는 무엇인가요?<br>2. 바우가 미르의 집에서 꽃바구니를 보던 날, 화를 내며 먼저 집으로 가버린 까닭은 무엇이었나요?<br>3. 소희의 할머니가 돌아가신 후 소희는 어떤 결정을 내리게 되나요?<br>4. "돈으로 갚을 빚, 마음으로 갚을 빚이 따로 있는 법이여. 돈으로 갚아야 하는 빚을 마음으로 눙쳐도 안 되는 법이고, 마음으로 갚아야 하는 빚을 돈으로 다 해결해서도 안 되지"는 소희 할머니 말씀입니다. 돈으로 갚을 빚과 마음으로 갚을 빚이 의미하는 것은 무엇일까요? 여러분이 겪은 생활 속의 사례를 예를 들어 봅시다.<br>5. 바우는 미르의 아픔을 목격하고 다른 사람의 마음을 헤아리기 시작합니다. 바우가 계속 마음의 문을 닫는다면 이야기는 어떻게 펼쳐질까요?<br>6. 우리가 만나는 사람들이 가지고 있는 서로 다른 환경을 잘 이해하려면 어떻게 해야 할까요?<br>7. 작가는 이 책을 통해 독자에게 어떤 메시지를 전달하고 싶었을까요? |

#자기 존중 #우정 #성장 #타인 존중

| 가지 뻗기<br>연계 활동 | ★ 영화<br>〈페어런트 트랩〉, 〈고장난 론〉 | ★ 심화 독서<br>《소희의 방》, 《숨은 길 찾기》 |
|---|---|---|
| 교과 연계 | [6도01-01] 자주적인 삶에 대한 이해를 바탕으로 자신의 생활계획을 세우고 실천하여 주체적인 삶의 태도를 기른다.<br>[6국05-06] 작품을 읽고 자신의 삶과 연관 지어 성찰하는 태도를 지닌다. | |

# [6학년 3월] 존중, 우정

| 책 제목 | **몬스터 차일드**<br>이재문 글/ 김지인 그림/ 사계절 |
|---|---|
| 책 소개 | 6학년 여학생 오하늬는 덩치가 커지고 외형이 야생동물처럼 변하는 신체 변이를 일으키는 'MCS 증후군'을 갖고 있어요. 이런 설정은 판타지 소설 같은 느낌을 줍니다. 자신이 MCS 증후군인 걸 감추며 살아 온 하늬는 반대로 자신의 MCS 증후군을 숨기지 않고 당당하게 드러내며 사람들의 편견에 맞서는 연우를 만나게 되는데요. 연우를 통해 괴물 같다고 여기던 변이 후의 모습도 그냥 나라는 것을 받아들이며 나를 사랑하게 되고, 편견에 맞서 싸울 힘을 얻게 됩니다. |
| 북 토크 | 1. 하늬에게 변이가 나타날 때의 증상은 무엇입니까?<br>2. 하늬가 버스를 타고 가던 도중 시위하는 사람들을 보고 어떤 감정이 들었을까요?<br>3. 연우와 승아, 소장님은 도망친 후 어떻게 되었을까요?<br>4. 마을 사람들은 왜 MCS 치료 센터를 자신의 마을에 세우는 것을 반대할까요? 우리 주변에도 이와 비슷한 사례가 있는지 찾아봅시다.<br>5. 내가 만약 하늬였다면, 목숨을 걸고 연우를 구하러 갈 수 있을까요?<br>6. 겉으로 보이는 모습으로 사람을 판단하는 것에 대해 어떻게 생각하나요?<br>7. 내가 이 글의 하늬와 연우처럼 MCS 증후군을 겪고 있다면 이 증상을 친구들에게 공개할 것인가요? 아니면 숨길 것인가요?<br>8. '몹쓸병'이라고 할 때와 '변이유전자 소유자'라고 부를 때 느껴지는 다른 점은 무엇일까요? '우한 폐렴'이라고 부르지 않고, '코로나19'라고 부르는 이유, '원숭이 두창'이라고 하지 않고 '엠폭스'라고 부르는 이유와 연결 지어 생각해 봅시다.<br>9. 나 자신을 있는 그대로 인정하고 사랑하는 방법은 무엇일까요? |

### #존중 #우정 #성장 #편견

| 가지 뻗기 연계 활동 | ★ 영화<br>〈원더〉, 〈주토피아〉, 〈루카〉 | ★ 심화 독서<br>《동희의 오늘》, 《커피우유와 소보로빵》,<br>《나는 옐로에 화이트에 약간 블루》 |
|---|---|---|
| 교과 연계 | [6도02-02] 편견이 발생하는 이유를 탐색하여 해결 방안을 살펴보고, 다양성 존중을 바탕으로 다른 사람과 올바른 관계를 맺기 위한 실천 방안을 탐구한다.<br>[6국05-06] 작품을 읽고 자신의 삶과 연관 지어 성찰하는 태도를 지닌다. | |

# [6학년 4월] 과학

| | |
|---|---|
| 책 제목 | **우주로 가는 계단**<br>전수경 글/ 소윤경 그림/ 창비 |
| 책 소개 | 엄마, 아빠, 동생을 사고로 잃고 실의에 빠진 주인공 지수. 우연히 가족들이 다른 우주에 존재할 수도 있다는 '평행 우주 이론'을 접하고 과학에 빠져듭니다. 아파트 계단에서 만나 친해진 물리학자 할머니가 암호만 남겨두고 떠나자 지수는 할머니를 찾기 위해 암호를 해독하기 시작하고 만유인력, 양자역학, 상대성 이론, 빅뱅, 평행 우주 이론과 같은 과학 이론들이 암호를 푸는 과정을 통해 펼쳐집니다. 이 소설은 과학을 좋아하는 친구도 위안을 얻고 싶은 친구도 모두 즐겁게 읽을 수 있는 훌륭한 공상 과학 소설입니다. 추리 소설처럼 흥미진진하게 이야기를 풀어 나가기 때문에 일단 재미있지요. 또 주인공 지수의 상상력에 감탄하며 따라가다 보면 과학이라는 것이 우리의 삶과 동떨어져 있지 않다는 것을 느끼게 될 거예요. 그리고 가족, 친구에 대한 이야기이기 때문에 사춘기 시기에 가장 큰 고민거리인 나를 둘러싼 '관계'에 대한 고민도 진지하게 할 수 있어 정말 좋습니다. 이런 책을 읽고 이야기를 나누면 한층 더 아이와 가까워지는 경험을 하게 될 거예요. |
| 북 토크 | 1. 지수와 할머니가 스티브 잡스로부터 위로를 받은 이유는 무엇일까요?<br>2. 지수는 '인간의 죽음'과 '별의 죽음'이 어떻게 다르다고 했나요? 여러분은 두 죽음 중 어떤 죽음에 더 마음이 가나요?<br>3. 701호 할머니를 만난 후 지수에게는 어떤 변화가 생겼나요? 여러분에게도 이렇게 삶에 큰 변화를 가져다준 사람이 있나요?<br>4. 지수와 할머니처럼 처음 보는 사이인데도 끌림을 느낀 적이 있나요?<br>5. '다 알아야 좋은 것이 아니다'라는 말은 완벽함을 추구하는 현대 사회의 일원에게는 어쩌면 어울리지 않는 말일 수도 있습니다. 이 말에 대한 당신의 생각은? 그렇게 생각한 이유는 무엇인가요?<br>6. 은서는 자신의 우주가 '지수의 삼촌'이라고 했습니다. 여러분의 우주는 무엇인가요? 그 우주에 대해 이야기 나눠 봅시다. |

#과학적 사고  #추론  # 평행 우주 이론 #과학자의 탐구 과정

| | | |
|---|---|---|
| 가지 뻗기<br>연계 활동 | ★ 영화<br>〈스타워즈〉, 〈플래그 더 문〉, 〈인터스텔라〉<br>★ 영상<br>〈KBS 스페셜〉 신비로운 태양계<br>https://youtu.be/<br>gNXAtnxlikk?si=qwwgVZTybtDkuXbR | ★ 심화 독서<br>《최훈 선생님이 들려주는 과학자처럼 생각하기》, 《조지의 우주를 여는 비밀 열쇠》, 《앨비의 또 다른 세계를 찾아서》 |
| 교과 연계 | [6과02-01] 태양이 지구의 에너지원임을 이해하고 태양계를 구성하는 태양과 행성을 조사할 수 있다.<br>[6국02-04] 문제 상황과 관련된 다양한 관점의 글을 읽고 이를 문제 해결에 활용한다. | |

# [6학년 4월] 정치

| | |
|---|---|
| 책 제목 | **어린이를 위한 민주주의 이야기**<br>김숙분 글/ 이소영 그림/ 가문비어린이 |
| 책 소개 | 선거, 자치, 시민 단체, 세금 등 어린이들이 일상에서 접해 보았을 이야기를 통해 민주주의의 가치를 이해할 수 있도록 이끌어 주는 책입니다. 아이들의 눈높이에서 이해하기 쉽게 설명되어 있어 좋고 교과서에 나온 개념들을 이해하는 데에 도움을 줍니다. 특히 시민으로서의 권리와 의사 표현 방식에 대한 고민도 할 수 있도록 하여 독자들이 능동적이고 주체적인 민주 시민의 자세에 대해 배울 수 있게 해 줍니다. 신문 기사를 활용하여 최근에 일어나고 있는 실제 사건과 연결하며 읽는다면 좋겠지요? |
| 북 토크 | 1. '자치', '민주주의', '정치'의 뜻을 사전에서 찾아 적어 봅시다.<br>2. 가정, 학교, 사회 등에서 최근 겪은 일 중 민주주의에 어긋나는 일이 있었는지 생각해 봅시다.<br>3. 민주주의가 나의 삶에 어떤 영향을 줄까요? 민주주의 사회가 아니라면 나는 어떤 어려움을 겪고 있을지 상상해 봅시다.<br>4. 여론을 형성하는 방법에는 어떤 것들이 있을까요?<br>5. 자신의 의사를 밝히는 일은 민주주의와 어떤 관련이 있을까요?<br>6. 민주주의를 지키기 위해 어린이로서 할 수 있는 일에는 무엇이 있을까요? |
| | #선거 #정치 #민주주의 #사회 #시민 |

| | | |
|---|---|---|
| 가지 뻗기<br>연계 활동 | ★ 영상 보기:<br>〈[지식채널e] '아직'과 '이미' 사이〉<br>https://youtu.be/Dofy1ilfmjk?si=ZH2c577poi_QqE3T<br>〈[지식채널e] 위대한 유산 - 그날을 기억해야 하는 이유〉<br>https://youtu.be/50UdFwZRVMY?si=G4Tmjfj6QYUTWuy6<br>〈[EBS클립뱅크] 헌법 제 1조〉<br>https://youtu.be/6uk-Q3M09NY?si=pm7X_xXNfcv2cTSM | ★ 심화 독서<br>《정정당당 해치의 그렇지! 정치》,<br>《처음 배우는 4.19 혁명과 민주주의》,<br>《우리에게는 힘이 있어요》 |
| 교과 연계 | [6도03-01] 인권의 의미와 인권을 존중하는 삶의 중요성을 이해하고, 인권 존중의 방법을 익힌다.<br>[6사05-02] 광복 이후 시민의 정치 참여 활동이 확대되는 과정을 중심으로 오늘날 우리 사회의 발전상을 살펴본다. | |

# [6학년 5월] 정치

| 책 제목 | **오월의 달리기**<br>김해원 글/ 홍정선 그림/ 푸른숲 주니어 펴냄 |
|---|---|
| 책 소개 | 1980년, 전국소년체전의 전남 대표 달리기 선수로 뽑혀 광주 합숙소 생활을 하던 명수는 친구들과 함께 광주 시내로 나갔다가 5·18 민주화 운동의 현장을 목격하게 됩니다. 작가는 이야기를 통해 평범하고 선량했던 시민들이 마주한 비극을 생생하게 표현했을 뿐 아니라 시민들이 왜 목숨을 걸고 민주주의와 평화를 지키려 했는지를 전합니다. 역사책에서 배우는 '역사적 사실'보다 소설에서 배우는 개인의 삶을 통한 역사가 훨씬 직접적으로 어린이들의 머리와 마음을 자극합니다. 개인의 삶이 모여 곧 역사가 된다는 사실을 자연스럽게 알 수 있고 그렇기 때문에 우리에게 역사를 알고 같은 오류를 되풀이하지 않기 위해 노력해야 한다는 것도 알 수 있지요.<br>역사 소설의 가치는 여기에서 빛이 납니다. 역사 속 개인의 삶에 대해 진지하게 고민해 볼 수 있기를 바랍니다. |
| 북 토크 | 1. 남자가 시계의 주인을 찾아 전국을 돌아다닌 이유는 무엇일까요?<br>2. 군인과 정부를 마징가제트 헬박사와 헬박사에게 조종당하는 로봇에 비유한 까닭은 무엇일까요?<br>3. 명수에게 '회중시계'는 어떤 의미일까요? 나에게도 이런 물건이 있나요?<br>4. 주인공 명수를 응원하는 내용의 짧은 글을 적어봅시다.<br>5. 광주 시민들이 목숨을 걸고 지키려고 했던 것은 무엇이었나요?<br>6. 5.18 광주민주화운동과 같은 비극적인 역사적 사건을 다룬 소설을 창작하는 이유는 무엇일까요? |

#역사 #민주주의 #광주 민주화 운동 #1980년 5월 18일 #기록

| 가지 뻗기<br>연계 활동 | ★ 영화<br>〈화려한 휴가〉<br>★ 영상<br>〈[지식채널e] 어느 평범한 일요일_<br>어린이의 시가 노래가 되다〉 https://youtu.be/<br>PQ5DNlJlc20?si=ccefAbN7EpGFJylc<br>〈[KBS 역사저널 그날] 그렇게 계엄군은 광주를 점령했다〉<br>https://youtu.be/eGl2aYQNNks?si=qGp_eDJyk9PEplQh<br>〈[꼬꼬무] 5.18 광주민주화운동〉 | ★ 심화 독서<br>《사월의 노래》, 《오월의 편지》,<br>《독재와 민주주의》,<br>《동물농장》, 《우리 역사에 숨어 있는 민주주의 씨앗》 |
|---|---|---|
| 교과 연계 | [6사05-01] 4.19 혁명, 5.18 민주화 운동, 6월 민주 항쟁 등을 통해 자유민주주의가 발전해 온 과정을 파악한다.<br>[6사05-02] 광복 이후 시민의 정치 참여 활동이 확대되는 과정을 중심으로 오늘날 우리 사회의 발전상을 살펴본다. | |

# [6학년 5월] 가족

| 책 제목 | **페인트**<br>이희영 글/ 창비 |
|---|---|
| 책 소개 | 국가에서 센터를 설립해 아이를 키워주고 아이들은 부모를 선택하는 사회. 주인공 '제누 301'은 스무 살을 앞두고 계속 부모 면접(페인트)를 치르고 있지만 쉽게 선택하지 못합니다. 이 책은 기발하지만 씁쓸한 설정을 통해 어떤 부모가 좋은 부모일까? 나는 어떤 부모가 되고 싶은가? 가족은 어떤 의미를 지닌 공동체일까? 등등 가족과 사회에 대한 깊은 성찰을 할 수 있게 해 주는 작품입니다.<br>기발한 발상과 흥미로운 전개로 처음 몇 장만 읽어도 책 읽는 재미에 푹 빠지게 될 뿐 아니라 곳곳에 의미심장한 대사들을 읽으며 아이들도 부모님들도 깊은 고민에 빠지게 될 것입니다. 선뜻 답하기 어려운 질문을 던지는 책이 좋은 책이라는 말이 있지요? '나만의 정답'을 생각해 낼 수 있기를 바랍니다. 부모님도 꼭 읽어 보시고 아이들과 많은 이야기를 나누어 보길 바랍니다. |
| 북 토크 | 1. 사람들은 왜 아이를 적극적으로 입양하려고 했나요?<br>2. NC센터 건립에 대한 의견을 밝혀 봅시다. 그 이유는?<br>3. 183쪽에서 제누는 왜 입양을 포기하고 NC센터를 졸업하기로 했을까요? 나라면 어떻게 했을지 이야기해 봅시다.<br>4. 가족은 여러분에게 어떤 의미를 지닌 공동체인가요? '나에게 가족은 @@이다'로 짧은 글짓기를 해 봅시다.<br>5. 서로의 성장을 돕는 가족이란 어떤 모습의 가족일까요?<br>6. 여러분은 어떤 부모가 되고 싶나요? 이유도 적어봅시다.<br>7. 이 책을 부모님 또는 친구들에게 추천한다고 생각하면서 추천의 말을 적어봅시다. |

#사회

| 가지 뻗기<br>연계 활동 | ★ 영상<br>〈그렇게 아버지가 된다〉<br>https://www.youtube.com/<br>watch?v=5KHYS0Ry4yw | ★ 심화 독서<br>《세계를 건너 너에게 갈게》, 《가족 연습》,<br>《두려움에게 인사하는 법》,<br>《로봇 형 로봇 동생》, 《아주 특별한 우리 형》 |
|---|---|---|
| 교과 연계 | [6국05-04] 인상적인 부분을 중심으로 작품에 대한 의견을 나눈다.<br>[6도02-02] 다양한 갈등을 평화적으로 해결하는 것의 중요성과 방법을 알고, 평화적으로 갈등을 해결하려는 의지를 기른다. | |

# [6학년 6월] 사회 문제

| | |
|---|---|
| 책 제목 | **봉주르 뚜르**<br>한윤섭 글/ 김진화 그림/ 문학동네 |
| 책 소개 | 프랑스 뚜르 지역으로 이사하게 된 봉주는 책상에서 한글로 쓴 '사랑하는 나의 조국, 사랑하는 나의 가족', 그리고 '살아야 한다'라는 글자를 발견하고 낙서의 주인공을 찾기 시작합니다. 그 과정에서 토시를 만나고, 토시의 비밀을 더듬어 가며 토시와 우정을 쌓게 됩니다. 요즘 어린이들에게 통일이나 분단 문제는 경험해 보지 못한 문제, 너무 먼 문제입니다. 하지만 두 소년의 만남과 우정을 통해 작가는 독자들을 분단 문제에 대해 진지하게 다가가도록 이끌어 줍니다.<br>통일을 하면 경제적으로 어려워질 것 같아 통일을 원하지 않는다는 생각을 가진 어린 이들도 많습니다. 이 이야기를 통해 더 넓은 시각으로 통일에 대해 적극적으로 고민해 볼 수 있기를 기대합니다. |
| 북 토크 | 1. 토시는 왜 봉주를 멀리했을까요?<br>2. 또 이사를 가야만 했던 토시는 봉주와 헤어지며 어떤 감정을 느꼈을까요?<br>3. '민족'의 정의를 사전에서 찾아봅시다. 북한과 우리는 한민족일까요? 이유는?<br>4. 남과 북이 서로에 대해 갖고 있는 편견과 오해에 대해 생각해 봅시다. 이런 오해는 왜 생겼을까요?<br>5. 6.25 전쟁이 일어난 이유, 우리나라 분단이 된 과정을 살펴봅시다.<br>6. 봉주와 토시가 남북이 통일된 이후 어른이 되어 다시 만난다는 가정을 하고 뒷이야기를 꾸며 봅시다. |
| | #우정 #분단 #통일 #북한 #사회 #평화 #한국 전쟁 #민족 |
| 가지 뻗기<br>연계 활동 | ★ 영화<br>〈우리 학교〉<br>〈웰컴 투 동막골〉     ★ 심화 독서<br>《파수꾼》, 《통일을 꼭 해야 할까?》,<br>《선생님, 평화 통일이 뭐예요?》 |
| 교과 연계 | [6사07-01] 분단으로 나타난 문제점과 분단과 관련된 장소를 평화의 장소로 만들려는 노력 등을 알아보고, 평화 통일을 위해 우리가 할 수 있는 일을 탐색한다.<br>[6사08-02] 남북통일을 위한 노력을 살펴보고, 지구촌 평화에 기여하는 통일 한국의 미래상을 그려 본다. |

# [6학년 6월] 사회 문제

| 책 제목 | **무기 팔지 마세요**<br>위기철 글/ 이희재 그림/ 현북스 |
|---|---|
| 책 소개 | 장난감 권총으로 쏜 플라스틱 비비탄을 얼굴에 맞고 친구들과 '평화 모임'을 만든 보미와 무기 판매 금지를 전 세계 사람들에게 알리는 제니의 이야기입니다. 무기를 파는 것이 왜 인류에게 해를 끼치는지를 생각해 보며 평화의 가치를 되새겨 봅시다.<br>최근 총기 사고를 비롯한 테러, 전쟁 등 위태로운 상황이 계속되고 있습니다. 대중 매체를 통해 아이들도 많이 접하는 내용이지만 실제 왜 전쟁이 나쁜 것인지, 우리가 평화를 추구해야 하는 이유가 무엇인지에 대해서는 깊이 성찰해 보지 못하는 경우가 많습니다. 당연한 것이 당연하지 않은 세상. 이런 세상일수록 비판적 사고를 바탕으로 세상을 보는 눈을 키워야 합니다.<br>또한 올바른 세상을 만들기 위해 적극적으로 행동하는 친구들의 이야기를 읽으며 우리 어린이들도 세상에 선한 영향력을 끼치는 성숙하고 용기 있는 어른으로 성장하기를 응원합니다. |
| 북 토크 | 1. 보민이가 '평화 모임'을 만든 이유는 무엇인가요?<br>2. 제니는 왜 무기를 팔면 안 된다고 주장했나요?<br>3. 총기 신고제와 총기 허가제에 대해 알아봅시다.<br>4. 3번의 두 가지 의견 중 자신은 어떤 쪽에 찬성하는지 의견을 말해 봅시다.<br>5. '평화'의 의미를 찾아보고 우리가 평화를 추구해야 하는 이유를 말해 봅시다.<br>6. 총기 문제 이외에 우리 사회에 변화가 필요한 부분이 있다면 어떤 부분인지 생각해 보고 어떻게 변화시키면 좋을지 고민해 봅시다. |

#무기#총기#연대#집회#의사표현#사회#평화

| 가지 뻗기<br>연계 활동 | ★ 영상<br>〈[EBS 다큐멘터리] 전쟁터의 아이들〉<br>https://youtu.be/<br>mlySPu52Cj8?si=Np4EF55lAz8hrLTm<br>〈[MBC 뉴스] 아이는 생일파티를 했을까… 8살 어린이의 우크라 전쟁일기〉<br>https://youtu.be/<br>YQdmMoMAuN0?feature=shared | ★ 심화 독서<br>《단 하루라도 총을 내려놔 주세요!》,《검은 후드티 소년》,《클라라의 전쟁》,《한국 전쟁의 여섯 가지 얼굴》,《안네의 일기》 |
|---|---|---|
| 교과 연계 | [6사12-02] 지구촌을 위협하는 다양한 문제들을 파악하고, 지속가능한 미래를 위한 해결 방안을 탐색한다.<br>[6사08-04] 지구촌의 평화와 발전을 위해 노력하는 다양한 행위 주체(개인, 국가, 국제기구, 비정부 기구 등)의 활동 사례를 조사한다. | |

# [6학년 7월] 자기 성찰

| | |
|---|---|
| 책 제목 | **5번 레인**<br>은소홀 글/ 노인경 그림/ 문학동네 |
| 책 소개 | 수영부 선수인 아이들이 펼치는 경쟁, 자신과의 싸움, 진로에 대한 고민 등이 담긴 책입니다. 그 속에서 엿볼 수 있는 아이들의 우정과 사랑, 경쟁심 등 심리 묘사가 탁월해 초등학교 6학년 아이들의 공감을 불러일으키기 좋습니다. 스포츠 경기가 가지는 매력이 책 속에서도 묻어나서 몰입하기 좋은 책입니다.<br>나루는 어려서부터 수영 금메달을 위해 달려왔고 꿈이 무엇이냐고 물으면 주저 없이 수영 선수라고 대답했지만 '왜 수영을 하는가?'에 대한 진지한 고민이 빠져 있었어요. 반면 같이 수영을 하던 언니 버들이는 미련 없이 수영을 관두고 다이빙이라는 새로운 종목을 스스로 선택합니다. 저마다 아이들 각자 자신의 진로에 대해서 진지하게 고민하고 자기 스스로 내린 선택을 묵묵히 지켜 가는 아이들의 모습이 인상 깊은 책입니다. 이 책을 읽으면서 책 속의 친구들처럼 자신의 미래에 대해 진지하게 고민해 보는 계기가 되었으면 좋겠습니다. 또한 나의 라이벌, 친구에 대해서도 생각해보는 시간을 가져 보세요. |
| 북 토크 | 1. 나루는 왜 초희의 수영복을 훔쳤을까요?<br>2. 버들이는 수영을 그만두고 나서도 미련이 없었던 이유는 무엇일까요?<br>3. 실패의 두려움을 이겨내고 끝까지 노력해 본 적이 있나요?<br>4. 실패의 두려움을 안고서라도 끝까지 노력해 보고 싶은 일이 있나요?<br>5. 나의 한계를 느껴 본 적이 있나요? 그 한계를 극복하기 위해 어떤 노력을 해보았나요?<br>6. 라이벌이 있나요? 그 친구를 왜 라이벌이라고 생각하나요? 그 친구에 대한 나의 감정은 어떠한가요?<br>7. 라이벌도 친구가 될 수 있을까요? |

#자기 성찰 #경쟁 #라이벌 #성장 #진로 #꿈 #실패 #한계

| | | |
|---|---|---|
| 가지 뻗기<br>연계 활동 | ★ 영상<br>〈스포츠 스타의 멘탈〉 | ★ 심화 독서<br>《열세 살의 걷기 클럽》, 《일수의 탄생》,<br>《헨쇼 선생님께》 |
| 교과 연계 | [6국05-06] 작품을 읽고 자신의 삶과 연관 지어 성찰하는 태도를 지닌다.<br>[6국05-06] 작품에서 얻은 깨달음을 바탕으로 하여 바람직한 삶의 가치를 내면화하는 태도를 지닌다. | |

# [6학년 7월] 자기 성찰

| 책 제목 | **마지막 레벨 업**<br>윤영주 글/ 안성호 그림/ 창비 |
|---|---|
| 책 소개 | 가상 현실 속 이야기를 다루고 있어서 게임에 빠진 아이들도 재미있게 읽을 수 있는 책입니다. 평범한 아이였던 선우는 미래영재학교에 편입 후 범호 패거리의 '지갑'으로 찍히게 되면서 상습적으로 돈을 빼앗기고 학교에서 외톨이가 되고 맙니다. 범호 앞에서 비참하게 작아지는 선우는 가상현실을 체험할 수 있는 VR 게임방 시커를 이용해 현실 도피를 해요.<br>게임 속 위기 상황에서 자신을 구해준 원지와 온라인 친구가 됩니다. 게임을 함께 하며 자유와 행복을 느끼는 가운데 원지가 게임 속 가상 인물이라는 것을 알게 되는데요. 그 과정에서 현실 세계와 가상현실 간의 혼란을 느낍니다.<br>이 책을 읽을 때에는 게임 속 나의 캐릭터(또는 온라인 커뮤니티 활동 안의 나)와 현실 속 내 모습에 대해 생각해 보는 시간을 가졌으면 좋겠습니다. 게임 속 내 캐릭터, 현실 속의 나 자신에 대해 어떻게 생각하는지 생각해 보아요. 그리고 게임 속 나의 캐릭터가 현실 세계의 나 자신에게 어떤 영향을 미치는지 생각해 보면서 자신의 게임 습관 등을 성찰해볼 수 있는 기회가 될 거예요. |
| 북 토크 | 1. 선우는 왜 외톨이가 되었나요?<br>2. 선우가 VR 게임방 시커를 계속 찾게 되는 이유는 무엇일까요?<br>3. 이야기 속의 선우처럼 범호 패거리의 지갑으로 찍히게 된다면 어떻게 대응할 건가요?<br>4. 가상 현실 속에서라도 딸을 계속 옆에 두고 싶어 하는 원지의 아빠와 아빠의 24시간 감시 속에 있는 가상현실 속 원지의 갈등 중에 원지가 가상 현실을 탈출하는 데 도움을 줄 건가요?<br>5. 가상현실 속의 나와 현실의 나는 어떤 다른 점이 있나요?<br>6. 가상현실 속의 나와 현실의 나 중 누가 진짜일까요? |

#모험 #가상현실 #자기성찰

| 가지 뻗기<br>연계 활동 | ★ 영화<br>〈소스 코드〉, 〈레디 플레이어 원〉, 〈트루먼 쇼〉 | ★ 심화 독서<br>《그리고 펌킨맨이 나타났다》 |
|---|---|---|
| 교과 연계 | [6국05-02] 작품 속 세계와 현실 세계를 비교하며 작품을 감상한다.<br>[6도01-01] 자주적인 삶에 대한 이해를 바탕으로 자신의 생활계획을 세우고 실천하여 주체적인 삶의 태도를 기른다. | |

# [6학년 8월] 현대사

| | |
|---|---|
| 책 제목 | **몽실언니**<br>권정생 글/ 이철수 그림/ 창비 |
| 책 소개 | 해방 후 몽실이 앞에 닥친 현실은 요즘 아이들이 살아가는 세상과는 극명한 차이가 있습니다. 전쟁과 가난, 부모님과의 이별, 배고픔, 양부모, 동생 부양에 대한 부담감 등 어린 아이가 감당하기에는 하나도 버거운 일이 연달아 겹쳐서 일어납니다. 그런 상황에서도 희망을 잃지 않고 자신에게 닥친 현실을 하나하나 극복해가는 몽실이의 삶에 대한 의지, 고난 극복을 위한 노력에 대해 생각해 보면서 책을 읽으면 좋겠습니다.<br>지금 아이들이 겪는 현실과 이질감이 클 수도 있겠지만 이야기라는 신비한 매체를 통해서 그 속에 담긴 인물의 감정과 생생한 상황 묘사로 간접적으로나마 그 시대 가난한 가정의 아이들에게 감정 이입해 보는 경험이 되면 좋겠습니다. 또한 지금 아이들이 겪고 있는 어려움과 비교해 보면서 내 자신의 삶, 고난 극복에 대한 자세도 되돌아보는 계기를 갖길 바랍니다. |
| 북 토크 | 1. 몽실이는 어떤 어려움들을 겪었나요?<br>2. 몽실이가 겪은 여러 어려움 중에서 가장 힘들었을 때는 언제였을까요?<br>3. 전쟁 후 몽실이의 삶에 대해 어떤 생각이 들었나요?<br>4. 지금 나의 생활과 몽실이의 삶을 비교해 보며 전쟁으로 잃어버리는 것들이 무엇일지 생각해 봅시다.<br>5. 전쟁 후 가난한 시절에 태어나신 우리 할아버지, 할머니는 어떤 삶을 살아오셨을지 생각해 봅시다. 가능하다면 할아버지, 할머니의 어렸을 적 이야기를 들어 보고 궁금한 점이 있으면 질문해 보세요.<br>6. 고난을 극복하게 하는 힘은 어디에서 나올까요? |
| | #전쟁후의삶 #가난 #고난극복 #삶에대한의지 #가족애 |
| 가지 뻗기<br>연계 활동 | ★ 영상<br>〈[해피타임 명작극장] 전쟁이 낳은 한 가족의 비극 '몽실언니 (1990)'〉<br>https://youtu.be/2YQjb4uo1BM?feature=shared | ★ 심화 독서<br>《그 여름의 덤더디》,<br>《DNA 디엔에이》,<br>《그해 유월은》 |
| 교과 연계 | [6도03-03] 통일과정과 통일 이후 사회의 여러 가지 상황을 예상하고 바람직한 통일과정과 통일 국가의 사회상을 제시한다.<br>[6국05-02] 작품 속 세계와 현실 세계를 비교하며 작품을 감상한다. | |

## [6학년 8월] 현대사

| 책 제목 | **안녕 베트남**<br>심진규 글/ 양철북 |
|---|---|
| 책 소개 | 어느 날 갑자기 베트남으로 해외여행을 보내 달라는 할아버지와 함께 도현이는 베트남으로 여행을 떠납니다. 그곳에서 할아버지가 참전하셨던 베트남 전쟁 현장 속으로 시간 여행을 떠나게 됩니다. 한국군에게 부모를 잃은 티엔의 도움으로 도망을 다니게 되는데요. 티엔을 도와주는 한국군을 만나게 됩니다. 그분이 바로 젊은 시절의 할아버지였어요.<br>전쟁 중에 적군을 향해 쏠 수밖에 없었던 총에 누군가의 가족은 목숨을 잃습니다. 그 과정에서 누군가는 사랑하는 가족을 한순간에 잃게 되지요. 전쟁의 현장 속에서 총을 겨눌 수밖에 없는 군인의 입장, 누구나 목숨은 하나이니 살고자 끝까지 몸부림쳤던 반대편 군인, 민간인에 대해 생각해 보면서 책을 읽으면 좋겠습니다. 또한 전쟁 후 시간이 흐른 지금, 우리는 우리나라가 역사적으로 겪은 전쟁들을 어떻게 기억해야 할지 아이들과 함께 이야기 나누어보세요. |
| 북 토크 | 1. 해외여행을 보내 달라고 떼쓰는 할아버지를 보며 무슨 생각이 들었나요?<br>2. 할아버지는 왜 주인공과 베트남으로 여행을 갔을까요?<br>3. 내가 티엔이라면 할아버지를 용서할 수 있었을까요?<br>4. 내가 전쟁 중인 군인이라면 티엔 부모님과 마주한 순간에 어떻게 했을까요?<br>5. 우리는 베트남 전쟁을 어떻게 기억해야 할까요?<br>6. 전쟁에 대한 생각을 함께 나누어 보아요. |

#전쟁 #역사의식

| 가지 뻗기<br>연계 활동 | ★ 음악<br>베트남 전쟁 영화 〈플래툰〉 OST 〈현을 위한 아다지오〉 | ★ 심화 독서<br>《안네의 일기》, 《사이공의 하늘 아래》 |
|---|---|---|

| 교과 연계 | [6도03-04] 다른 나라 사람들이 처한 여러 가지 상황을 종합적으로 이해하고 해결 방안을 탐구하며 인류애를 기른다.<br>[6국02-03] 글을 읽고 글쓴이가 말하고자 하는 주장이나 주제를 파악한다. |
|---|---|

# [6학년 9월] 세계 지리

| 책 제목 | **한입에 꿀꺽! 맛있는 세계 지리** <br> 류현아 글/ 이크종 그림/ 토토북 |
|---|---|
| 책 소개 | 세계 지리 공부에 입문할 때 꼭 알아야 할 지도와 지구본에서 시작하여 여러 대륙, 대양, 나라에 대해서 재미있게 풀어 놓은 책입니다. 세계 최초, 이름에 얽힌 여러 나라의 이야기를 들려주어 아이들이 어렵고 방대한 분량의 세계 지리 공부에 가깝게 다가갈 수 있도록 해 줍니다. <br> 이 책을 읽을 때에는 방대한 양의 지식을 모두 기억하는데 중점을 두기 보다는 세계 지도와 지구본을 옆에 두고 책에 나오는 대륙, 대양, 나라의 위치를 찾아보면서 세계 지리에 친해지는 시간이라고 생각하면 좋겠습니다. 책을 읽으면서 특별히 관심이 가는 지역이 있다면 더 많은 정보와 영상 매체를 찾아보면서 지식을 확장해 간다면 굳이 외우려고 하지 않아도 머릿속에 자연스럽게 남아 있을 거예요. |
| 북 토크 | 1. 지도와 지구본은 어떤 차이점이 있을까요? 지도의 한계점은 무엇일까요? <br> 2. 책을 읽으면서 책에 나온 지역을 지도와 지구본에서 찾아봅시다. <br> 3. 소개된 나라 중에 가 보고 싶은 나라가 있나요? 그 이유는 무엇인가요? <br> 4. 세계 일주를 할 때 필요한 정보에는 어떤 것이 있을까요? <br> 5. 세계 지리를 공부하는 이유는 무엇일까요? <br> 6. 기후 변화는 세계 지리와 어떤 연관이 있을까요? |

#세계 지리 #세계 여러 나라 #세계화

| 가지 뻗기 연계 활동 | ★ 영화 <br> 〈라이언〉 | ★ 심화 독서 <br> 《둥글둥글 지구촌 지리 이야기》, 《남극곰》, <br> 《난생처음 히치하이킹》, 《하이킹 걸즈》 |
|---|---|---|
| 교과 연계 | [6사07-02] 여러 시각 및 공간 자료를 활용하여 세계 주요 대륙과 대양의 위치 및 범위, 대륙별 주요 나라의 위치와 영토의 특징을 탐색한다. <br> [6국02-01] 읽기는 배경지식을 활용하여 의미를 구성하는 과정임을 이해하고 글을 읽는다. | |

# [6학년 9월] 세계 지리

| 책 제목 | **80일간의 세계일주**<br>쥘 베른 글/ 레옹 베넷 그림/ 김주경 옮김/ 시공주니어 |
|---|---|
| 책 소개 | 영국 신사 필리어스 포그는 '80일간의 세계일주'를 걸고 친구들과 2만 파운드 내기를 합니다. 런던에서 출발하여 이집트 수에즈, 인도 봄베이, 캘커타, 홍콩, 일본 요코하마, 미국 샌프란시스코와 뉴욕을 거쳐 80일 만에 돌아와야 하는 여정 동안 필리어스 포그와 그의 하인 파스파루프, 픽스 형사가 겪는 여러 돌발 상황과 그에 대처하는 각 인물들의 모습은 읽는 재미를 더해줍니다. 인물들의 위기 상황 대처 방법에서 배울 점을 찾아보세요.<br>인도, 중국, 일본, 미국 등 당시 그 나라의 생활상도 알 수 있습니다. 인상 깊은 생활상이 있다면 친구나 부모님과 함께 이야기 나누어 보세요.<br>지금처럼 비행기를 이용하는 것도 아니고 휴대폰 앱만 열면 기차나 지하철, 버스 시간표와 도착 시간을 알 수 있는 것도 아니어서 계획대로 이동 수단이 착착 연결되지 않아 읽는 이의 가슴을 졸이게 합니다. 그 긴장감을 함께 즐기면서 주인공들이 이동하는 도시를 지도와 지구본에서 찾아보면 인물들의 여정을 더 생생하게 상상할 수 있습니다. |
| 북 토크 | 1. 이야기 중에서 가장 긴장감을 느꼈던 부분은 어디였나요? 그 이유는 무엇인가요?<br>2. 런던, 이집트 수에즈, 인도 봄베이, 캘커타, 홍콩, 일본 요코하마, 미국 샌프란시스코와 뉴욕을 지도와 지구본에서 찾아봅시다. 각 도시에 점을 찍고 선으로 연결해 필리어스 포그 일행의 80일간의 일주 여정을 살펴보아요.<br>3. 필리어스 포그, 파스파루프, 픽스 형사, 아우다는 어떤 성격을 가지고 있나요?<br>4. 인도, 중국, 일본, 미국 등의 생활상 중에서 기억에 남는 것이 있나요? 왜 그것이 가장 기억에 남았나요?<br>5. 항공권 검색 사이트에 접속해서 필리어스 포그 일행의 일주 여정대로 비행기를 검색해서 같은 여정의 모험을 떠난다면 지금은 어느 정도의 시간이 걸릴지 계산해 보아요.<br>6. 현재의 세계 일주와 책 속 세계 일주를 비교한다면 어떤 공통점과 차이점이 있나요? |
| | #모험 #도전 #세계일주 |
| 가지 뻗기<br>연계 활동 | ★ 영화<br>〈'잃어버린 세계를 찾아서' 작가 탐구 영상〉 | ★ 심화 독서<br>《나의 첫 세계사 여행 : 중국, 일본》, 《15소년 표류기》, 《장복이, 창대와 함께하는 열하일기》 |
| 교과 연계 | [6사09-02] 세계 주요 대륙과 대양을 파악하고, 우리나라 및 세계 여러 국가의 위치와 영토의 특징을 이해한다.<br>[6국05-05] 작품에 대한 이해와 감상을 바탕으로 하여 다른 사람과 적극적으로 소통한다. |

# [6학년 10월] 생명 보호 & 동물권

| 책 제목 | **해리엇**<br>한윤섭 글/ 서영아 그림/ 문학동네 |
|---|---|
| 책 소개 | 어느 날 갑자기 엄마와 숲을 잃고 사람들의 손에서, 다시 동물원으로 가게 된 원숭이 찰리. 두려움과 외로움에 떠는 찰리에게 거북이 해리엇이 다가가고, 해리엇 덕분에 찰리는 지혜와 사랑을 배우고 단단하게 성장해 나갑니다. 175년을 산 해리엇은 죽음의 문턱에 들어서고, 그동안 갈라파고스를 그리워했다는 해리엇의 이야기를 들으며 찰리는 해리엇을 바다로 데려다주겠다고 마음먹지요. 이에 찰리와 동물들은 해리엇을 동물원을 탈출하여 바다로 향합니다.<br>해리엇과 동물들의 모습을 보면서 그동안 인간의 잔인함에 희생된 수많은 동물을 생각해 보길 바라요. 또한 해리엇과 찰리, 책 속 동물들의 우정을 통해 삶에 빗대어 나와 우리, 내 주변 사람들과의 관계와 삶을 되돌아보는 기회가 되었으면 합니다. |
| 북 토크 | 1. 찰리에게 해리엇은 나이를 초월하여 마음을 나눈 친구입니다. 내가 생각하는 진정한 친구란 무엇이며 왜 그렇게 생각하는지 이야기해 봅시다.<br>2. 동물원을 나온 스미스는 다시 동물원으로 돌아갈까요? 아니면 자연으로 떠날까요? 뒷이야기를 상상해 봅시다.<br>3. '동물권'에 대해 조사해 보고 이에 대한 나의 생각을 정리해 봅시다.<br>4. 반려동물을 집에서 키우고 길들이는 것에 대한 나의 생각을 이야기해 봅시다.<br>5. '동물원은 필요하다 vs 동물원을 없애야 한다' 다음의 두 주장에 대한 나의 의견을 근거를 들어 논리적으로 써 봅시다.<br>6. 동물권이 침해하고 있는 다양한 사례를 조사해 보고 동물을 보호하는 나의 생각을 이야기해 봅시다.<br>7. 해리엇처럼 나에게 단 하루의 시간이 남았다면 무엇을 하고 싶은지 이야기해 봅시다. |

#생명 존중 #동물권 #우정

| 가지 뻗기 연계 활동 | ★ 영화<br>〈오직 하나뿐인 아이반〉<br>★ 영상<br>〈[EBS 지식채널e] 아기곰 탈출 사건〉<br>https://www.youtube.com/watch?v=ZTZFzV48ji8<br>〈[세바시] 동물을 살리기 위해 수의사를 그만뒀습니다〉<br>https://www.youtube.com/watch?v=FcsFxWIH7Lw | ★ 심화 독서<br>《긴긴밤》, 《닭 답게 살 권리 소송 사건》, 《피짱은 내 친구》, 《닐과 순다리》, 《악당의 무게》 |
|---|---|---|
| 교과 연계 | [6사03-02] 일상생활에서 인권이 침해되는 사례를 찾아 그 해결 방안을 탐색하고, 인권을 보호하는 활동에 참여한다.<br>[4도04-01] 생명의 소중함을 이해하고 인간 생명과 환경 문제에 관심을 가지며 인간 생명과 자연을 보호하려는 태도를 가진다. | |

## [6학년 10월] 생명 보호 & 동물권

| 책 제목 | **고릴라는 핸드폰을 미워해**<br>박경화 글/ 북센스 |
|---|---|
| 책 소개 | 이 책은 핸드폰, 냉장고, 나무젓가락 등 우리가 평소에 아무 생각 없이 사용하는 물건들이 지구를 얼마나 치명적으로 파괴하고 있는지에 대해서 다양한 사례를 통해 이야기합니다. 환경 파괴로 인해 멸종위기에 처한 많은 동물의 문제, 습관처럼 해 오던 소비로 인해 지구 반대편 누군가가 받는 고통, 가정에서 흔히 발생하는 환경 문제들을 다루며 자연을 보호하는 작은 실천 방법들을 소개하고 있어요.<br>이 책을 읽으며 지구를 위한 나의 의식 변화와 작은 실천이 환경 보호에 긍정적인 영향을 줄 수 있다는 점을 깨닫고 행동으로 옮길 수 있길 바랍니다. |
| 북 토크 | 1. 환경을 지키고자 하는 사람들의 노력 없이 이대로 이어질 경우 30년 후지구의 모습과 사람들의 생활 모습을 상상해 봅시다.<br>2. 내가 어제 하루 동안 사용한 일회용품을 모두 써 봅시다. 이중 다회용품으로 대체할 수 있는 방법을 생각해 봅시다.<br>3. '윤리적 소비'라는 표현의 정의를 찾아봅시다. 나의 소비 패턴을 돌아보고 내가 불필요하게 물건을 구입하고 사용한 건 없는지 돌아봅시다.<br>4. 내가 내일부터 당장 실천할 수 있는 환경 보호의 방법을 이야기해 봅시다.<br>5. 환경 보호의 방법으로 '법적인 규제 vs 의식 변화로 인한 자발적 참여' 중 나의 선택은 무엇이며 왜 그렇게 생각했는지 이야기해 봅시다.<br>6. 환경 보호를 적극적으로 실천하고 있는 다양한 예시를 조사해 보고 우리가 참고할 만한 내용을 추천해 봅시다.<br>7. 지구 환경을 지키기 위한 나의 다짐을 이야기해 봅시다. |
| | #반려동물 #동물권 #인간과 동물 |
| 가지 뻗기<br>연계 활동 | ★ 영화<br>영화 〈월-E〉<br>〈[KBS 환경스페셜] 옷을 위한 지구는 없다〉<br>https://www.youtube.com/<br>watch?v=gw5PdqOiodU&t=2s<br>〈[세바시] 내가 '이것'을 목숨 걸고 알리는 이유〉<br>https://youtu.be/<br>y3vluszN6mM?si=lfweTdGufp8kibZz | ★ 심화 독서<br>《고래를 삼킨 바다 쓰레기》,《생명, 알면 사랑하게 되지요》,《달력으로 배우는 지구환경 수업》,《왜요, 기후가 어떤데요?》 |
| 교과 연계 | [6도04-01] 지구의 환경 위기 상황을 이해하고, 이를 극복하기 위한 다양한 방안을 찾아 자신의 일상에서 실천하고자 노력한다.<br>[6과05-03] 생태계 보전의 필요성을 인식하고 생태계 보전을 위해 우리가 할 수 있는 일에 대해 토의할 수 있다. |

# [6학년 11월] 에너지

| 책 제목 | **두 얼굴의 에너지, 원자력**<br>김성호 글/ 정진경 그림/ 길벗스쿨 |
|---|---|
| 책 소개 | 이 책은 원자력 발전에 대한 역사에서부터 특징, 최근의 후쿠시마 원전 사고 및 우리나라의 노후화 된 원자력 발전소까지 원자력 발전에 대한 다양한 정보를 담고 있습니다. 가장 현실적이고 경제적이라는 평을 받고 있는 에너지원이지만 그만큼 위험성도 높은 원자력. 책에서는 원자력에 대한 찬성 반대의 의견이 한쪽으로 치우치기보다는 양쪽의 주장을 뒷받침하는 근거를 다양하게 설명하고 있습니다.<br>　　친구들도 이 책을 읽으며 원자력에 대해서 폭넓은 시각으로 이해하고 원전에 대해 스스로 판단해 보면 좋겠습니다. 점점 더 심각해지는 에너지문제를 근본적으로 접근하고 미래를 그려 나가 볼 수 있기를 바랍니다. |
| 북 토크 | 1. 원자력 에너지의 장점과 단점을 정리해 봅시다.<br>2. 여러분들이 생각하기에 원자력 발전은 안전한가요? 안전하지 않다면 어떻게 안전을 유지할 수 있을까요?<br>3. 원자력 발전을 대체할 만한 다른 에너지원에는 무엇이 있으며 현실적으로 현재의 전력 사용을 감당할 수 있는지 생각해 봅시다.<br>4. 원자력 발전소를 우리 동네에 건설해야 한다면 어떤 생각이 듭니까?<br>5. 원자력 에너지 사용을 지속해야 한다면 우리는 어떤 점을 고려해야 할까요?<br>6. 재난 사고가 났을 때 정부, 국민의 역할은 무엇인지 생각해 봅시다. |

#### #과학 #원자력 #에너지 #환경

| 가지 뻗기<br>연계 활동 | ★ 영상<br>〈산업통상자원부 : 당신이 몰랐던 원자력 이야기〉<br>https://www.youtube.com/watch?v=H-fhe5oP4DY<br>〈[EBS 클래스e] 당신이 몰랐던 원자력 이야기 제2강 원자력의 두 얼굴〉<br>https://www.youtube.com/watch?v=E6pAFPBl02w<br>〈내셔널지오그래픽 : 후쿠시마 참사의 원인〉<br>https://www.youtube.com/watch?v=EyBK5p74R6Y&t=10s<br>영화 〈이 세상의 한구석에〉<br>　　〈뉴클리어 나우〉 | ★ 심화 독서<br>《발명과 특허 쫌 아는 십대》, 《어린이를 위한 4차 산업혁명 직업 탐험대》, 《후쿠시마의 눈물》 |
|---|---|---|
| 교과 연계 | [6과16-01] 미래 사회에 일어날 수 있는 문제를 조사하고, 문제를 해결하는 데 과학이 기여할 수 있는 방법을 토의할 수 있다.<br>[6도03-04] 세계화 시대에 인류가 겪고 있는 문제와 그 원인을 토론을 통해 알아보고, 이를 해결하고자 하는 의지를 가지고 실천한다. | |

# [6학년 11월] 에너지

| 책 제목 | **블랙 아웃**<br>박효미 글/ 마영신 그림/ 한겨레아이들 |
|---|---|
| 책 소개 | 뜨거운 여름, 주인공 동민이가 사는 도시는 정전으로 인해 순식간에 아비규환으로 변합니다. 마침 부모님은 해외 출장으로 집을 비우고, 동민이와 중학생 누나는 7일간의 정전 사태에서 살아남기 위해 고군분투하는 내용이 펼쳐지는데요. 언제든 일어날법한 재난 상황에 닥쳤을 때 여과 없이 드러나는 어른들의 민낯. 내 것을 먼저 챙기느라 아이들을 돌봐주지 않고, 뭉치고 편 가르고, 몇 마디 말로 여론을 잠재우려는 정부까지 우리 사회의 씁쓸한 현주소를 보여 줍니다.<br>전기는 우리가 인식하지 못한 사이에 우리의 삶 깊숙한 곳까지 침투하여 이제는 없어서는 안 될 필수재가 되었지요. 하지만 원자력 문제 등 전기 발전과 관련한 이슈와 갈등은 여전합니다. 이 책을 읽으면서 우리가 물 쓰듯 아무렇지 않게 쓰고 있는 에너지에 대해서 돌아보는 기회를 가졌으면 해요. |
| 북 토크 | 1. 동민이 남매가 경험한 7일간의 정전 사태 중에서 가장 인상 깊었던 장면과 그 이유를 이야기해 봅시다.<br>2. 만약 지금 우리 지역에 3일간 정전이 일어난다면 어떤 일이 벌어질지 상상해 봅시다.<br>3. 위기 상황에서 어른들은 동민이 남매를 보호해 주고 챙겨 주기는커녕 내 것을 챙기고 잘못을 미루기에 바빴는데요. 이러한 어른들의 이기심, 광기를 보며 어떤 생각이 들었나요?<br>4. 재난 상황에서 국가의 역할(소방관, 경찰관)은 무엇일까요?<br>5. 전기의 사용량은 점점 늘어가는 반면 아직도 전기 생산에는 한계가 있습니다. (원자력의 유해성, 화력의 자원 환경 문제 등) 이 문제를 어떤 방식으로 해결하면 좋을지 의견을 나눠 봅시다.<br>6. 블랙 아웃 상황과 우리가 겪은 코로나를 비교해 봅시다. |

#에너지 #전기 #재난

| 가지 뻗기<br>연계 활동 | ★ 영화<br>〈서바이벌 패밀리〉<br>★ 영상<br>〈[YTN 사이언스] 세상을 움직이는 에너지, 전기 ><br>https://www.youtube.com/watch?v=x_vnftfvj1U | ★ 심화 독서<br>《세상을 지키는 열일곱 걸음》,<br>《도시가 깜빡깜빡! 대정전이 일어난다면?》 |
|---|---|---|
| 교과 연계 | [6과08-01] 우리가 생활에서 이용하는 다양한 자원을 조사하고, 자원의 유한함을 설명할 수 있다.<br>[6과17-02] 자연 현상이나 일상생활의 예를 통해 에너지의 형태가 전환됨을 알고, 에너지를 효율적으로 사용하는 방법을 토의할 수 있다. | | |

# [6학년 12월] 철학

| 책 제목 | **10대를 위한 JUSTICE 정의란 무엇인가**<br>마이클 샌델 글/ 조혜진 그림/ 미래엔아이세움 |
| --- | --- |
| 책 소개 | 이 책은 마이클 샌델의 《정의란 무엇인가》의 10대 버전입니다. 따라서 내용을 학생들이 직관적으로 이해할 수 있도록 딜레마의 상황을 이미지와 짧은 문장으로 조직했어요. 제시된 문제 상황을 보고 여러 사람의 입장에서 생각해 봅니다. 정답은 없어요. 각자 처한 상황이 다르기에 서로 대화하여 각기 다른 사람의 입장을 들으며 합의를 이루어 나갑니다.<br>이 책에는 총 19개의 에피소드가 담겨 있습니다. 이 에피소드를 다 읽지 않아도 좋습니다. 하나의 에피소드를 읽더라도 찬찬히 생각해보고 다른 사람과 토의를 통해 생각을 나누어 보세요. 그리고 나 스스로 정의에 대해 생각해 보는 시간을 갖길 바랍니다. |
| 북 토크 | 책 속에서 제시하는 주제로 토론하기 (예시)<br>1. 브레이크가 고장난 기차, 선로 위에는 5명의 인부가 있고 비상 철로에는 1명의 인부가 있습니다.<br>　기관사는 어느 쪽으로 기차를 운행해야 할까요?<br>2. 부자 농구 선수 마이클 조던은 가난한 이들을 위해 세금을 더 많이 내야 할까요?<br>3-1. 배 속에서 자라는 태아를 인공적으로 없애는 낙태에 대한 찬성 vs 반대, 여러분의 생각은 무엇입니까?<br>3-2. 수정한 지 14일이 안 된 배아기 세포를 이용하는 배아 줄기세포 연구에 대한 찬성 vs 반대, 여러분의 생각은 무엇입니까?<br>　(찬성: 배아 줄기세포로 수많은 질병의 치료법을 찾을 수 있음, 반대: 잉태된 순간부터 인간의 생명을 얻는 것) |

#철학 #가치관 정립 #정의

| 가지 뻗기<br>연계 활동 | ★ 영화<br>〈트래쉬〉, 〈삼진그룹 영어토익반〉 | ★ 심화 독서<br>《생각이 크는 인문학 : 정의》, 《묻고 답하면서 배우는 정의 수업》 |
| --- | --- | --- |
| 교과 연계 | [6도01-01] 자주적인 삶에 대한 이해를 바탕으로 자신의 생활계획을 세우고 실천하여 주체적인 삶의 태도를 기른다.<br>[6도03-02] 공정함의 의미와 공정한 사회의 필요성을 이해하고, 일상생활에서 공정하게 생활하려는 실천 의지를 기른다. | |

# [6학년 12월] 철학

| 책 제목 | **밤의 교실**<br>김규아 글/ 김규아 그림/ 샘터 |
|---|---|
| 책 소개 | 이 책의 주인공 정우는 정확한 루틴에 살아가는, 확실한 세계를 좋아하는 친구입니다. 그런데 이런 정우에게 앞을 보지 못하는 미래가 찾아오게 됩니다. 앞을 보지 못할 수 있다는 사실을 받아들이기 힘든 정우. 한편 정우는 학교에 새로 오신 늑대 선생님이 운영하시는 '밤의 음악 교실'에 참가하게 되는데요. 이 시간을 통해 정우는 눈 대신 감정 하나하나 감각 하나하나를 마음에 담아 기억하는 법을 배웁니다. 그리고 어둠을 사랑하게 되며 한 뼘 더 성장합니다.<br>이 책을 읽으며 실패, 상실에 좌절하여 겁내기보다는 불현듯 찾아온 상실이지만 그것은 잃기만 하는 것이 아니라 새로운 것을 채워 나가는 과정이었고 아름답고 소중한 것을 쌓아나가는 과정이라는 마음가짐을 가져 보는 기회가 되길 바랍니다. |
| 북 토크 | 1. 이 책에서 정우에게 일어난 사건의 변화에 따른 정우의 감정 변화를 이야기해 봅시다.<br>2. 책 속에서 주인공 '정우'가 시력을 잃어 감에도 삶의 희망을 다시 찾게 된 힘은 무엇이었을까요?<br>3. 나에게 가장 소중한 무언가를 잃어버렸던 경험이 있나요? 그때의 마음은 어떠했나요? 그때 속상했던 마음을 다시 회복할 수 있었던 힘은 무엇이었나요?<br>4. 늑대 선생님이 정우에게 조언한 '달빛처럼 살아, 어두운 곳을 비추면서' 가 우리에게 주는 메시지는 무엇인지 생각해 봅시다.<br>5. 이 책에서 가장 인상 깊었던 장면이나 글귀를 써 봅시다.<br>6. 이야기 속 '정우'에게 전달하고 싶은 메시지를 글로 써 봅시다. |

#철학 #행복 #자기애 #희망 #성장

| 가지 뻗기<br>연계 활동 | ★ 영화<br>〈포레스트 검프〉, 〈위대한 쇼맨〉<br>〈[세바시] 내 인생 '다시 쓰기'〉<br>https://www.youtube.com/watch?v=LgkzJeHw1Oc | ★ 심화 독서<br>《어린이를 위한 바보 빅터》,<br>《어린 왕자》 |
|---|---|---|
| 교과 연계 | [6도01-03] 자기가 하고 싶은 일을 선택할 때 도덕적 고려의 필요성을 알고 자신의 특기와 적성을 탐색하여 진로 계획을 수립한다.<br>[6도01-02] 자주적인 삶을 위해 자신을 이해하고 존중하며 자주적인 삶의 의미와 중요성을 깨닫고 실천 방법을 익힌다. | |

# 부모님께 추천하는 책

| 제목 | 저자 | 소개 |
|---|---|---|
| 《하루 15분 책읽어주기의 힘》 | 짐 트렐리즈, 신디 조지스 | 부모님들은 물론 교사가 되고 싶다는 학생들에게 반드시 추천해 주는 책입니다. '어떻게 해야 책과 친해질 수 있는지'를 알려 주며 실제 사례가 풍부하여 저절로 고개를 끄덕이게 합니다. |
| 《공부머리 독서법》 | 최승필 | 베스트셀러라 이미 읽어 본 부모님들이 많이 계시겠지만, 다시 살펴보며 선행 학습을 해야 한다는 불안감을 떨쳐 봅시다. |
| 《다시, 초등 고전읽기 혁명》 | 송재환 | 초등학교에서 8년 동안 진행된 고전 읽기 프로젝트 참여 사례를 바탕으로 쓴 책. 고전 읽기의 필요성과 방법이 잘 나와 있습니다. |
| 《시를 잊은 그대에게》 | 정재찬 | 공대생을 울린 시 강의로 유명한 책입니다. 삶에 위안이 되어 주는 시를 통해 아이들과도 소통해 보세요. |
| 《문학의 숲을 거닐다》 | 장영희 | 부모님도 문학의 매력에 빠져 보세요. 즐기는 모습만큼 더 큰 교육은 없으니까요. |
| 《함께 읽기 좋은 날》 | 이민수 | 독서 교육을 꾸준히 실천하는 중학교 국어 선생님의 책입니다. 청소년 추천 도서 리스트도 좋고 독서 교육의 보람, 어려운 점 등이 생생하게 담겨 있어요. |

## 참고 문헌

매리언 울프 저, 전병근 역, 《다시, 책으로》, 어크로스, 2019.

매리언 울프 저, 이희수 역, 《책 읽는 뇌》, 살림, 2009.

송재환, 《다시, 초등 고전읽기 혁명 : 실전편》, 글담출판, 2018.

스티븐 크라센 저, 조경숙 역, 《크라센의 읽기 혁명》, 르네상스, 2013.

심영면, 《초등 독서의 힘》, 지학사, 2023.

채창균·신동준, 〈독서·신문 읽기와 학업 성취도, 그리고 취업〉,

한국직업능력개발원, 2015.

최승필, 《공부머리 독서법》, 책구루, 2018.

5학년 2학기 교과서 국어(가). 교육부, 2023.

6학년 2학기 교과서 국어(가), 교육부, 2023.

〈바른공부설명회 현우진 "교과서 학습을 통한 사고력 향상 학습법"〉, 메가스터디,

2015.

# 공부 잘하는
# 아이는
# 이렇게
# 독서합니다

**초판 1쇄 발행**  2024년 3월 31일

지 은 이   진향숙, 엄월영, 임영진, 황선영
펴 낸 이   김동하
펴 낸 곳   책들의정원

출판신고   2015년 1월 14일 제2016-000120호
주    소   (10881) 경기도 파주시 산남로 5-86
문    의   (070) 7853-8600
팩    스   (02) 6020-8601
이 메 일   books-garden1@naver.com

**ISBN**  979-11-6416-205-5 (03370)

• 이 책은 저작권법에 따라 보호받는 저작물이므로 무단 전재와 무단 복제를 금합니다.
• 잘못된 책은 구입처에서 바꾸어 드립니다.
• 책값은 뒤표지에 있습니다.